Richard Meister

Zum eleischen, arkadischen und kyprischen Dialekte

Richard Meister

Zum eleischen, arkadischen und kyprischen Dialekte

ISBN/EAN: 9783743348400

Hergestellt in Europa, USA, Kanada, Australien, Japan

Cover: Foto ©ninafisch / pixelio.de

Manufactured and distributed by brebook publishing software (www.brebook.com)

Richard Meister

Zum eleischen, arkadischen und kyprischen Dialekte

ZUM

ELEISCHEN, ARKADISCHEN

UND

KYPRISCHEN DIALEKTE

VON

RICHARD MEISTER.

Recensions-Exemplar.

LEIPZIG
GIESECKE & DEVRIENT
1890.

Den zweiten Band meiner Griechischen Dialekte hat O. Hoffmann in den Gött. gel. Anz. 1889, Nr. 22, S. 873—904 in einer Weise angegriffen, über die ich nicht schweigend hinweggehen darf. Ich bin natürlich weit davon entfernt, mein Buch für einwandfrei zu halten. Ist doch das Gebiet, auf dem es sich bewegt, ein schwieriges, das kyprische Gebiet zumal ein vielfach dunkles. Ich habe mich vor Hypothesen, wo die Wahrheit noch nicht gefunden war, nicht gescheut, und ich will mich freuen, wenn Widerspruch besser Begründetes herbeiführt. Hätte sich Hoffmann in tüchtiger und sachlicher Weise an solcher Diskussion beteiligt, würde ich ihm dankbar sein: jetzt habe ich seiner umfangreichen Besprechung meines Buches nur die richtigere Erklärung einiger weniger Formen zu verdanken, die ich weiter unten an ihrem Orte gebührend erwähnen werde.

Im Anfange lobt er die Sammlung und Zusammenstellung des Materials: *„Da Meisters Werk in erster Linie ein Handbuch sein soll, welches durch eine systematische Darstellung der einzelnen Dialekte auch für den Dialektkundigen ein unentbehrliches Hilfsmittel bildet, so sind an dasselbe die beiden Forderungen zu stellen, dass es vollständig und übersichtlich sei. Ihnen ist M. in jeder Hinsicht gerecht geworden. Wer aus eigner Erfahrung weiss, welch' mühselige und peinliche Arbeit die Sammlung und Verwertung eines grossen aus einzelnen Formen bestehenden Materiales ist, der wird den Fleiss anerkennen, welcher auf jede noch so unbedeutende Kleinigkeit verwandt ist. Ich habe viele · der mir nahe liegenden Partien genau nachgeprüft und kann versichern, dass ich nirgends etwas vermisst habe und oft sogar wünschte, es möchte weniger geboten sein. Dass M. das Talent* besitzt, den Stoff übersichtlich zu ordnen und darzustellen, hat bereits der erste Band bewiesen. Auch der zweite ist in dieser Hinsicht tadellos." Auch für die einleitenden Paragraphen und die syntaktischen Bemerkungen hat er anerkennende Worte. Die Bausteine, das meint er ungefähr, hätte ich fleissig zusammengetragen und sauber geschichtet: den Bau selbst auszuführen hätte ich nicht das Zeug. Er sagt: „*Es fehlen M. nicht nur die ausreichenden Kenntnisse, sondern vor allem die Feinheit des Sprachgefühles, um solch' ein schwieriges Material, wie es die griechischen Dialekte bieten, mit Erfolg beherrschen und deuten zu können. Während die Sammlung des Stoffes vortrefflich ist, bietet die Erklärung desselben eine Fülle von Kuriositäten und Fehlern, welche leider oft dem Nichtwissen der einfachsten Thatsachen entspringen.*" Wenn dem so wäre, wenn ich, als Philolog, nicht zugleich so viel sprachwissenschaftliche Bildung besässe, als mein Arbeitsgebiet unumgänglich fordert, so müsste ich die Feder niederlegen und die Vollendung meines Werkes Andern überlassen. Wenn dem so wäre — d. h., wenn hinter Hoffmanns niederschmetternden Worten streitbare Gründe ständen von gleicher Kraft. Aber er scheint gehofft zu haben, den Gegner in die Flucht zu schlagen genüge lautes Trommeln: denn so schlecht gerüstet zog lange kein Rezensent ins Feld.

Ich trete im folgenden, meinem Kritiker von Punkt zu Punkt folgend, den doppelten Nachweis an, dass erstens Hoffmanns Angriff ein ungerechtfertigter und in der Hauptsache ungerechter ist, und dass zweitens Hoffmann sich bei dieser Gelegenheit in philologischer wie linguistischer Hinsicht so arge Blössen gegeben hat, dass er keinen Anspruch darauf erheben darf über Andere zu Gericht zu sitzen.

ELEISCH.

S. 20. „*Die Inschrift 1154 gehört nicht, wie M. vermutet, zu einer Opfervorschrift, sondern scheint sich auf die Abschätzung des Vermögens zu beziehen.*" Meine Ansicht habe ich begründet durch den Hinweis auf den Satz αἰ δ' ἀλλότρια κτλ., in welchem eine Strafe ausgesprochen wird für jede in unrechter Weise oder mit unrechten Gaben dargebrachte Opferung; θεθμόν erkläre ich für die „Legung" oder „Setzung" einer Gabe auf den Altar, für die „Opferung". H. setzt ohne ein Wort der Widerlegung meiner Gründe an Stelle meiner Ansicht eine andere. Und was für eine! Eine Abschätzung des Vermögens scheint ihm vorzuliegen. Zu welchem Zwecke sollen wohl die Behörden von Olympia eine solche Schätzung vorgenommen haben? Etwa um den Besuchern des Heiligtums eine Einkommensteuer aufzulegen? Und θεθτμόν soll wohl die „Declaration" bedeuten? H. hält seine Ansicht für so plausibel, dass er jedes Wort zu ihrer Begründung für überflüssig hält: es würde ihm auch schwer werden, eins zu finden. Weiter heisst es: „*Für* ΤΑΔΕΔΙΑΙΑΔΙΦΥΙΑ, *nach M.* = τὰ δὲ Δίαια δίqυα (*die den Zeus betreffenden Strafen betragen den doppelten Wert*) *liest Blass richtig* τὰ δὲ δί(z)αια δίqυα. *Denn der betreffende, welcher eine falsche Angabe macht, hat nicht nur eine Geldbusse zu entrichten, sondern wird auch von der μαντεία ausgeschlossen.*" Nicht Blass hat die von H. „richtig" gesprochene Konjektur gemacht, sondern Röhl; weshalb die überlieferte Lesung, die ich festhalte und begründet habe, unrichtig sein soll, wird nicht gesagt. „*Uebrigens verstehe ich nicht, wie M. bemerken kann: Ιί-αια Suffix wie in* Ἀθήναια, Ποτίδαια. *Die beiden letzteren Worte sind doch nicht mit dem — überhaupt nicht existierenden — Suffixe -αια gebildet, sondern aus den -ᾱ-Stämmen* Ἀθηνα-, Ποτιδα- *mit dem Suffix -ιο- abgeleitet.*" Natürlich. Ich habe die beiden von Göttern abgeleiteten Adjektive nur angeführt, um zu zeigen, nach was für Mustern die an -α-Stämmen erwachsene und von ihnen abgehobene und weiter wuchernde Endung -αια an den Stamm Δι- treten konnte.

S. 22. „*In Nr. 1156 Z. 1 ist überliefert:* αἰ ΔΕΒΕΝΕΟΙ ἐν τ' *ιαροῖ κτλ. Da in der Inschrift 1158, welche ebenfalls Vorschriften über das Verweilen im* ιαρόν *enthält, bestimmt wird, dass sich der Fremdling, nachdem er geopfert und eine Summe Geldes bezahlt habe, im Tempel vergnügen dürfe* (. . . . ἀποδὼς ἐνηβέο[ι] ὁ ξένος), *so trifft die von Blass geäusserte Vermutung, dass vielleicht in Nr. 1156* ΔΕΒΕΝΕΟΙ *in* ΔΕΝΕΒΕΟΙ *verschrieben sei, das Richtige.*" Es ist lehrreich, das Verfahren von Blass diesen Worten H.'s gegenüber zu stellen. Blass lässt die Ueberlieferung, die er nicht erklären kann, in seinem Text stehen, und macht nur in der Anmerkung aufmerksam auf die Aehnlichkeit der Zeichen von EBENEOI in 1156 und ENEBEO[I] in 1158; H. bringt nicht etwa einen neuen Grund für diese von Blass in der Anmerkung geäusserte Vermutung hinzu, folgert aber frischweg: „*Da in der Inschrift 1158, welche ebenfalls Vorschriften über das Verweilen im ἱαρόν enthält, bestimmt wird, dass sich der Fremdling vergnügen dürfe, so* — nun nicht etwa, so hat die Blasssche Vermutung etwas für sich, sondern: *so trifft sie das Richtige*"! Ich frage, wohin kommen wir, wenn wir bei der Herstellung von Texten so verfahren wollten? Wo bleibt hier die philologische Methode? — Ich glaube die Ueberlieferung durch meine Erklärung von βενέοι gegen Blass' Verdacht geschützt zu haben. H. bemerkt zu dieser Erklärung: „*M. liest: αἰ δέ βενέοι ,wenn er aber im Tempel Beischlaf übe.' βενέοι soll von einem* — *nicht existierenden* — *eleischen βενά , Weib'* = böot. *βανά, att. γυνή abgeleitet sein.*" Die angeführte Uebersetzung der fraglichen Worte hat H. selbst hinzugefügt und zwar sinnwidrig hinzugefügt, da τὸ ἱαρόν natürlich den heiligen Bezirk mit samt den Gebäuden, die er enthält, bezeichnet, nicht etwa den Tempel! Dass *βενά „Weib" eleisch nicht erhalten ist, macht meine Erklärung von βενέοι nicht weniger glaublich. Das lautliche Verhältnis von *βενά, βανά und μνᾱ- habe ich S. 316 auseinandergesetzt. Was H. in der Anmerkung gegen Osthoffs Erklärung von μνᾱ-σμαι bemerkt, ist hinfällig; Solmsen konnte mit Recht zur Erklärung von μνηστός auf die Beispiele ὀρχηστήρ usw. von ὀρχέομαι hinweisen, denn der denominative Charakter von μνάομαι wurde in griechischer Zeit nicht mehr gefühlt. — „*In Zeile 3 ist mit Blass und Kirchhoff zu lesen: ,τῶν δέ κα γραφέων ὅτι δοκέοι καλ(λ)ιτέρως ἔχην ποτὸν θεὸν, ἐξαγρέων κ' ἄλ(λ) ἐνποιῶν σὺν βωλᾶι [π]εντακατίων ἀFλανέως καὶ δάμοι πληθύοντι διάκοι.' ,Wenn es aber den Anschein habe, dass sich irgend eine von diesen Bestimmungen für den Gott noch besser wenden lasse (καλλίτερος = καλλίων), so solle er ändern (?), wegnehmend und anderes hinzufügend, unter dem Beistande des vollständig versammelten (?) Rates und der vollzähligen Volksversammlung.*" Ich traute meinen Augen nicht, als ich das las. Die mir entgegengehaltene, angeblich von Blass und Kirchhoff stammende Lesung ist mit Ausnahme des nachher zu besprechenden Wortes καλλιτέρως, wofür ich κἀλιτηρῶς habe, meine Lesung! Ich bin es gewesen, nicht Kirchhoff, nicht Blass, der die Ueberlieferung der Bronze ΚΑΛ aufgenommen, mit κ' ἄλ(λ)' umschrieben und erklärt hat, während alle früheren, auch Bücheler, Comparetti, Röhl, Cauer, ΚΑΛ in κα[ί] änderten, ich bin es, der die Ueberlieferung διváκοι mit „änderte" erklärt hat, während Kirchhoff und Blass sie unerklärt liessen, Blass insbesondere sie durch Konjektur beseitigen wollte. Wie soll man sich das Verfahren von H. erklären? Solcher Flüchtigkeit und Oberflächlichkeit sollte der am wenigsten sich schuldig machen, der sich, wie es H. thut, Andern gegenüber aufs hohe Pferd setzt. — Ueber κ' ἀλιτηρῶς bemerkt er folgendes: „*M.'s Lesung κ' ἀλιτηρῶς ‚sogar sündhaft‘ ist sinnlos. Niemand wird einem neuen, noch dazu für den Gottesdienst bestimmten Gesetze die Klausel anhängen, dass die ‚sündhaften‘ Bestimmungen desselben später geändert werden könnten. Ferner verstehe ich nicht, welchen Sinn das καὶ ‚sogar‘ vor ἀλιτηρῶς haben könnte.*" Es ist die gleiche Flüchtigkeit, die ihn verhindert hat meine klaren Worte zu verstehen: die Klausel soll nach meiner Erklärung nicht besagen, *dass die ‚sündhaften‘ Bestimmungen desselben später geändert werden können*, sondern giebt, nachdem die Vratra für rechtskräftig erklärt ist, den Fall an, in dem einzig und allein Aenderungen beantragt und vorgenommen werden können, wenn nämlich eine Bestimmung jemandem nicht nur ungewohnt oder missfällig, sondern „sogar sündhaft" gegen den Gott erscheinen sollte. H., der sich ja meiner Lesung κ' ἄλ(λ)' ἐνποιῶν anschliesst, ohne es zu wissen, dass es die meine ist, kann doch als Objekt von ἐνποιῶν nichts anders als ἄλ(λ)' (= ἄλλο) und als Objekt von ἐξαγρέων nichts anders als den Relativsatz ὅτι δοκέοι κτλ. fassen, und da muss doch dieser Relativsatz, der das aus der Gesetzgebung eventuell zu beseitigende angiebt, einen Verstoss gegen den Gott enthalten, aber nicht etwas was sich „schöner gegen ihn verhält"! — Weiter sagt H.: „*ἀϝλαρέως haben Bücheler und Röhl mit Recht mit βωλᾶι [π]εντακατίων verbunden. Röhl deutet es als ‚vollzählig‘, vgl. ἀλαρέως· ὁλοσχερῶς. Ταραντῖνοι Hesych. M. zieht es zu dem Verbum διváκοι, wogegen auf das entschiedenste die Stellung der Worte spricht*". Meine Gründe sind wieder totgeschwiegen. Glaubt denn H., sein diktatorisches „mit Recht" wiege meine Gründe auf, die mich bestimmt haben trotz der auffallenden Stellung das Adverb doch zum Verbum zu beziehen? Ich halte meine Erklärung von ἀϝλανέως, was die Bedeutung wie die Bildung des Wortes betrifft, aufrecht, lasse jedoch die versuchte Anknüpfung an ἄλη und λανθάνω fallen.

S. 26. „In Nr. 1158 handelt es sich um Opfervorschriften. Von Z. 3 ab heisst es: αἰ δ[ὲ....δα]ρχμὰς ἀποτίνοι τοῖ Δὶ 'Ολυν[πίοι]---- ΟΑΔΟΟΝΤΑΔΕΚΥΑΙΥΣΕΒΟΙΚΑ -- κατ(τ)ὰ πάτρια. M. deutet die Zeichen in Z. 5 als: α[ἰ] δὲ κυ[ο]ῖ ϝς ἢ βοῖκα ‚wenn aber das Schwein oder die Kuh trächtig ist'. Von dem Opfer eines Schweines oder einer Kuh ist gar nicht die Rede. Nach Z. 1 sollen [Fάρ]ιχοι = ἄρνες geopfert werden." Das Fragment ist rechts und links abgeschnitten: wie lang die Zeilen gewesen sind, lässt sich nicht berechnen, ein Zusammenhang sich nicht herstellen. Wer sagt nun H., dass, wenn in Z. 2 (nicht Z. 1, wie er angiebt) Widderopfer angeführt sind, Z. 5 nicht von Schweine- oder Kuhopfern die Rede sein könne? Ich möchte seine Gründe hierfür hören! Aber weiter: „Zudem heisst das grosse Hornvieh bei den Eleern — wie bei allen andern Stämmen — βοῦς (vgl. βοΐ 1156), nicht βοῖκα, worin M. ‚eine Weiterbildung mit dem Suffixe -ικα' sieht." Warum konnte denn neben βοῦς „Rind" nicht βοῖκα zur Bezeichnung der Kuh bestehen? Ueber das Wesen der in βοῖκα vorliegenden Endung -ικᾶ kann man verschiedener Ansicht sein, ich meine allerdings in ihr eine Parallelbildung zu dem griechischen Suffix -ακ- -ακο- (Brugmann, Grundr. II 250) zu sehen, die auch in dem lakonischen Worte σίκα „Sau" aus *σϝ-ίκα (σίκα · ὕς. Λάκωνες Hesych) zu erkennen ist, während -ικ- in κύλ-ιξ „Becher" (gegenüber κύλ-η „Becher") vorliegt.

S. 31. Aus der Doppelschreibung 'Ορμίνα 'Υρμίνα erschliesse ich dumpfe Aussprache des eleischen -o-. H. wendet dagegen ein: „Woher weiss M., dass die Eleer, welche aus Aetolien kamen, jenem Vorgebirge den Namen gegeben haben? Kann derselbe nicht von den vordorischen Einwohnern des Peloponnes stammen?" Aber die Ueberlieferung der Doppelform geht doch auf die Aussprache zurück, die das Wort im Munde der Eleer hatte, und auf die Aussprache der Eleer kommt es doch lediglich an. „Zweitens: Wie kann M. aus den Doppelformen 'Ορμίνα und 'Υρμίνα darauf schliessen, dass das o in ἀπό dumpf gesprochen sei! Ein im Anlaute vor ρ stehendes o lässt sich doch nicht mit dem auslautenden o in ἀπό vergleichen." Das lässt sich eher hören, ich gestehe zu, dass das -ο- von Ὀρμίνα : Ὑρμίνα und das von ἀπό verschieden gesprochen werden konnte. „Drittens: Auf allen elischen Bronzen ist nicht ein einziges Mal υ für o geschrieben." Das beweist nichts! So verraten uns die kyprischen Inschriften auch nichts von der dumpfen Aussprache des kyprischen -ϋ-, nichts von der Verhauchung des gemeingriechischen σ- vor Vokalen, wenig von der Verhauchung des zwischenvokalischen -σ-, die böotischen sehr wenig von der Assimilation von -στ- zu -ττ- u. s. w. Der Vergleich mit dem Lautwert, den dasselbe Zeichen im Dialekt der Nachbarn hatte, führte zuweilen zur Aenderung der landschaftlichen Orthographie; oft aber erkennen wir nur aus der phonetischen Schreibung der Hesychglossen, aus einzelnen Eigennamen, aus den für die attischen Schauspieler phonetisch geschriebenen Dialektstellen der Komiker die richtige Aussprache, und nicht aus den epichorischen Inschriften! — „Die Eleer sind ferner ein westgriechischer Stamm und allen Westgriechen ist eine Verdumpfung von o zu υ fremd. Diese war vielmehr nur den äolisch-achäischen Stämmen — also auch den Arkadern — und zwar nur im Auslaute eigentümlich." Das letztere ist falsch. Vgl. Griech. Dial. II 217 ff. Ueber die übrigen „Westgriechen" steht eine genauere Untersuchung noch aus.

S. 32. „M. erklärt im Anschlusse an G. Meyer Gr. Gr.² § 22 die Bildungen γροφευ- und γροφο- aus dem ursprünglichen Ablautsverhältnis *γράφω *ἤραφον *γροφεύς." Dagegen wendet H. ein: „1) Wenn es eine gemeingriechische Form γραφεύς, γράφος und eine nur dialektisch auftretende Form γροφεύς, γρόφος giebt, ja, wenn diese beiden Formen in demselben Dialekte neben einander liegen (vgl. el. γροφεύς 1152, neben βωλογράφορ 1172₂₃), so ist es durchaus unmethodisch, γραφο- und γραφευ- auf γραφ = γρφ, dagegen γροφο- und γροφευ- auf den abgelauteten Stamm γροφ (zu γρεφ) zurückzuführen. Vielmehr müssen wir in diesem Falle schliessen, dass γροφ- eine lautliche Nebenform von γραφ = γρφ war." Hat denn H. den Abstand zwischen dem Dialekt der jungen Damokratesbronze 1172 von den alteleischen Inschriften ganz vergessen? Weiss er nicht mehr, dass gegenüber dem dialektischen ὑπά, Ϝαργο-, παρ- die Damokratesbronze die vulgären Formen ὑπό, ἐργο-, περί hat, dass sie gegenüber den vor Vokal verkürzten Artikelformen der dialektischen Schreibung nur die vulgären Formen aufweist? Wie kann man mir verwehren auch hier anzunehmen, dass die Damokratesbronze in βωλογράφορ die vulgäre Schreibung des Vokals hat gegenüber dem dialektischen -ο- von γροφεύς? „*?) Auf einer alten melischen Inschrift IGA. 412, erscheint das part. praes. γρόφων (in unsicherer Verwendung auch noch IGA. 12) = γράφων. In dieser Form würde ein abgelautetes ο unerklärlich sein.*" Das Partizipium γρόφων steht durchaus nicht fest. In der megarischen Inschrift IGA. 12 ist Γρόφων Eigenname, also von γροφο- abgeleitet, und in der melischen IGA. 412 kann es ebenfalls Eigenname des Künstlers sein; der Sinn der Inschrift erlaubt dies durchaus: „O Kind des Zeus, nimm vom Ekphantos dies ἄγαλμα an, es ist tadellos, denn zu dir betend (also unter deinem Beistand) hat der Künstler Γρόφων es vollendet". Ich ziehe auch deshalb diese Erklärung des Wortes vor, weil das Verbum γράφω sich schlecht mit der Thatsache zusammenbringen lässt, dass die Säule, in deren Kannellierungen das Epigramm steht, ein Teil des ἄγαλμα gewesen ist. — H. fährt fort: „*Diese an sich schon ausreichenden Argumente gegen die Existenz eines Stammes γροφ- mit rollem Vokale werden nun noch durch die Etymologie des Verbums verstärkt. Die Zusammenstellung von γράφω mit dem altbulgarischen grebą ‚graben' ist unrichtig. Denn grebą lässt sich nicht von got. graban ‚graben' trennen. Die richtige Etymologie findet sich schon bei Fick, Vergl. Wörterb. 2. Aufl. 358 = 3. Aufl. I 574, II 91: γραφ = γρφ ist Kurzform des Stammes γεφ- = europ. gerbh-, ‚kerben, einschneiden'. Im Germanischen sind die Ablautsreihen desselben vollständig erhalten: ags. ceorfan, cearf, curfon, corfen ‚einschneiden', nl. kerve, korf, gekorwen, mnd. part. ghekorven. Als abgelautete Stammesform hätten wir also γορφ-, nicht γροφ- zu erwarten. Durch Metathesis kann aber γροφ- nicht aus *γορφ- entstanden sein. Denn es existiert kein Beispiel dafür, dass ρ neben einem echten, ursprünglichen o seine Stellung wechselt. — γροφ- neben γραφ- ist also nicht anders zu beurteilen wie äol. στρότος neben στράτος, βροχέως neben βραχέως u. a. Das o ist der Ausdruck für eine dumpfere Aussprache des r- Vokales.*" Hier ist nun vollends nichts, was unsere Auffassung des o von γροφεύς wirklich widerlegte. Ich will zugeben, dass es geratener ist, γράφω mit unserm *kerben* ags. *ceorfan* zu verbinden; freilich verbietet ein bekanntes Lautverschiebungsgesetz mit Fick-Hoffmann *gerbh-* als Wurzel anzusetzen, *gerph-* müsste sie vielmehr gelautet haben (s. Kluge, Etym. Wtb.[4] S. 166). Aber wenn z. B. auf Grund von μορτό-ς = altind. *márta-s* „Sterblicher, Mensch" und *βρατό-ς = altind. *mr̥tá-s* „gestorben, tot" die Form βροτό-ς, oder auf Grund von ἔρδω (*Ϝεργ-ιω) und *Ϝραγ-ιω = got. *raúrkja* „ich wirke" die Form Ϝρέζω entsprang (Brugmann Gr. Gr.[2] §§ 30, 62, 121), so sehe ich nicht ein, warum nicht ein ursprüngliches *γοργεύς mit γραφεύς sich zu einem γροφεύς verbunden haben sollte. Für das „*o* als *Ausdruck für eine dumpfere Aussprache des r-Vokales*" im Eleischen möge sich also H. nach besseren Beweisen umsehen.

S. 46. H.'s Forderung, die „*feste Komposition*", die in äol. ἀφικόμενος, καθάπερ vorliegen soll, von der „*zufälligen*", die er in äol. κατεστακόντων erblickt, „*scharf zu unterscheiden*", ist unberechtigt, da ein solcher Unterschied nicht nachweisbar ist. In derselben Inschrift aus Eresos z. B. (Berl. Sitzungsber. 1889, S. 377) steht ἔφεικε und ἔπεικε: soll da nun „*feste*" Komposition wie in ἀφικόμενος, oder „*zufällige*", wie in κατεστακόντων, vorliegen? Meine Ansicht wird wohl bestehen bleiben, dass die Aspiration in der Kompositionsfuge ein Zeichen ist vom Eindringen des vulgären Gebrauchs in den dialektischen.

S. 34 ff. „*M. giebt eine Uebersicht über die elischen Wörter, die η enthalten. Er unterscheidet zwischen urgriechischem η und dem erst im elischen Dialekte durch ‚Ersatzdehnung‘ oder Kontraktion entstandenen. Dabei begegnet es ihm, dass er das η der ‚Infinitivendung -ην‘ in ἔχην, μετέχην u. s. w. für urgriechisch ausgiebt.*" Undenkbar ist es nicht, dass die Infinitivendung ἔχην bereits urgriechisch war: es konnte sich ἔχεν zu ἔχην verhalten, wie δόμεν zu δόμην (Brugmann, G. Gr.[2] § 146,5). — Der von H. aus meiner Zusammenstellung der Wörter mit el. -ᾱ- = gemgr. -η- „*herausgelesenen Regel: gemeingriechisches η geht im Elischen in ā über; ein im Elischen selbst entstandenes η dagegen bleibt unverändert*" beizupflichten bin ich doch zu vorsichtig, da dieser Regel unter anderem eleisch ζή, ἦ, ἤβα, συνθῆνα[ι], ῬΗϜΑ, θήρ, μηνόρ, ἀτελής, Δαμοκράτηρ, Ἀγήτωρ, ἐπιμελητάς, Μάληκος widersprechen; ich glaube auch jetzt nicht über die Formulirung hinausgehen zu dürfen, die ich a. O. gegeben habe.

S. 48. Was H. gegen meine Etymologie von ποιέω einwendet, habe ich selbst schon in dem Nachtrage zu S. 48 bemerkt: wie ist es zu erklären, dass H. darauf keine Rücksicht nimmt?

S. 51. An die Deutung von eleisch ἐποίηα als „reinen a-Aorist" erlaube ich mir nicht zu glauben und möchte wirklich die Zumutung entschieden abweisen, als wäre ich verpflichtet in meinem Buche auf die Privathypothesen einer einzelnen Gruppe von Sprachgelehrten einzugehen. Sollte in diesen Punkten etwa das mir vorgeworfene „*Nichtwissen der einfachsten Thatsachen*" zu erkennen sein?

S. 57. Meiner Bemerkung: „Ob ὀμόσαντες 1151_{11} mit Unterdrückung der Gemination für ὀμόσσαντες steht ... oder als die (ursprünglichere) Form mit einem σ aufzufassen ist, muss .. dahingestellt bleiben," stellt H. folgendes „*Gesetz, welches man eigentlich als bekannt voraussetzen dürfte*", entgegen: „*Alle vokalischen Stämme nehmen im Aorist σσ an. Ist der diesem σσ vorangehende Vokal lang, so wird nach gemeingriechischem Lautgesetze die Gemination aufgehoben: ἐτίμασα aus *ἐτίμασσα. Ist der dem σσ vorangehende Vokal dagegen kurz, so bleibt σσ erhalten und wird erst in den einzelnen Dialekten im Laufe der Zeit vereinfacht: Homer und die Aeoler sagen noch ὤμοσσα, die Attiker dagegen ὤμοσα.* Von diesem „Gesetze" gilt dasselbe, was ich soeben zu S. 51 bemerkte.

S. 62. „*Ebels Ansicht (K. Zschr. XIII 446), dass in Thessalien, speziell in der Perrhäbia und Pelasgiotis, der Lokativ genetivische Funktion übernommen habe, verdiente wirklich nicht von M. aufgenommen zu werden. Bereits Ahrens (Dial. Aeol. 221) hat richtig erkannt, dass thessalische Genetive wie ἑκάστοι, Φιλίπποι nicht etwa Lokative sind, sondern auf die volleren Formen ἑκάστοιο, Φιλίπποιο zurückgehen. Der Genetiv auf -οιο wird von den Grammatikern ausdrücklich den Thessalern zugeschrieben. (Vgl. Verf., De mixt. Graec. ling. dial. p. 6).*" Ganz dieselbe Sache, die eben zweimal schon zur Sprache kam. Wo Ansichten geäussert werden, welche denen entgegenstehen, die H. in Göttingen gehört hat, mögen sie noch so gut begründet sein, da fährt er mit groben Worten drauf los und schilt die Gegner. Ich lasse mich natürlich nicht darauf ein, an dieser Stelle eine Ansicht zu verteidigen, die von der Mehrzahl der Sprachgelehrten heute geteilt wird.

ARKADISCH.

S. 90. Zu Τηλέμαχος bemerkt H.: „*Τηλο- ist ein nominaler o-Stamm, wie man aus den Lokativen τήλοθεν, τηλόθι ersieht, und in der Komposition einem Φιλο-, Οἰκο- u. s. w. ganz ebenbürtig. Τῆλε ist Lokativ zu diesem o-Stamme und entspricht in der Komposition einem Lokative wie οἴκει, Ϝοίκει, oder einem Adverbium wie 'Αγα-, Εὐ-u.a.*" Wo ist der Nachweis dafür, dass τῆλε Lokativ eines o-Stammes sei? Und wie erklärt sich daraus Τηλι-? Ich halte an meiner Erklärung fest.

S. 91. Neben den Prellwitzschen Erklärungsversuch der verschiedenen Formen des Namens „Apollon" habe ich — mit aller durch die Sache gebotenen Reserve — einen anderen gestellt, nach der 'Απόλλων Ἄπλουν einerseits und 'Απέλλων 'Απείλων andrerseits von verschiedenen Wurzeln abzuleiten seien und zwar die letztere Form von ἀπέλλω: ἀπείλω „schützen". H. bemerkt dagegen: „*Dass diese Ableitung falsch ist, bedarf des Beweises nicht. Ein der griechischen Dialekte Kundiger durfte überhaupt nicht auf dieselbe verfallen: entspricht attischem ἀπείλω im dorischen Dialekte — diesem gehörte 'Απέλλων an — ein ἀπέλλω?*" Ich habe einmal darauf hingewiesen, dass der Göttername in andern, hier z. B. äolischen Gegenden entstanden sein und seine Form im dorischen Dialektgebiete beibehalten haben könnte, wie z. B. im Namen des Herakles und seinen Ableitungen in Böotien niemals ει für das anlautende η eingetreten ist. Ferner aber ist die Frage nach der dorischen Form des äolischen Verbums ἀπέλλω gar nicht so kurzer Hand zu beantworten wie H. meint. Ich halte die Möglichkeit nicht für ausgeschlossen, dass ἀπέλλω ebenso gut dorisch wie äolisch war, entstanden aus *ἀπ-έλ-νω von W. ἐλ „treiben" (vgl. ἐλαύνω) wie ἐλλός aus *ἐλ-νό-ς in späterer Zeit, nachdem nach einem früher wirkenden Lautgesetze bereits Formen wie dor. Ϝηλέω ion. εἰλέω von W. Ϝελ entstanden waren. Zu dieser Meinung und zu der Trennung der beiden Verba ἀπέλλω und Ϝηλέω veranlassen mich die lakonischen Wörter ἀπελλαί „Schranken, Volksversammlung" Le Bas-Focuart 242a$_{41}$, 243$_{21}$ (ἐν ταῖς μεγάλαις ἀπελλαῖς eigentlich „in den grossen Schranken"), auch von Hesych überliefert: ἀπελλαί (so die Hschr., M. Schmidt nach Ahrens ἀπέλλαι)· σηκοί. ἐκκλησίαι, ἀρχαιρεσίαι und ἀπελλάζειν, das als lakonisch für ἐκκλησιάζειν durch Plutarch, Lykurg 6 und Hesych s. v. (wo fehlerhaft ἀπελάζειν statt ἀπελλάζειν steht) bezeugt ist. — „*Auf der gleichen Seite lehrt M. über die Entstehung von κατύ: ‚κατύ ist von κάτ aus nach ἀπύ neu gebildet'. Welche Gemeinsamkeit verbindet die beiden Präpositionen, dass eine solche Beeinflussung der einen durch die andere hätte stattfinden sollen?*" Ich teile die ausgesprochene Meinung mit Brugmann, vgl. dessen Gr. Gr.² § 200. Eine Gemeinsamkeit liegt in der Bedeutung „von—herab", die auch ἀπό (z. B. ἀφ' ἵππων μάρνασθαι) haben kann. „*Eher vertritt κατύ altes *κατό, dessen o im Ablaute steht zu der Länge in κάτω. Im Griechischen erscheint bekanntlich bald o bald a als Form des Ablauts zu ō. Wie in ὦρτο und ὄρεται (zu nō in nōmen) beide Formen neben einander laufen, so ist auch *κατό neben κατά denkbar.*" Die — nicht belegbare — Annahme, dass κατύ altes *κατό vertrete, ist oft schon aufgestellt worden, ich nenne beispielsweise Gelbke, De dial. arc. 20, Spitzer, Lautl. d. ark. Dial. 14. Aber im Ablautsverhältnis scheint doch κάτω zu κάτα zu stehen wie ἄνω zu ἄνα.

S. 93. In einer Anmerkung habe ich frageweise einer Vermutung über die Erklärung des noch ungedeuteten Wortes εἰρήνη Raum gegeben, wobei ich die Unsicherheit auch meiner Deutung, deren Wahrscheinlichkeit mir jetzt noch geringer als damals erscheint, nicht verhehlt habe. Wenn aber H. so spricht, als kennte ich die Hauptschwierigkeit nicht, die ihr entgegensteht, so thut er mir Unrecht; ich habe dieselbe S. 319 ausdrücklich hervorgehoben und zu beseitigen versucht.

S. 97. H. polemisiert gegen die ziemlich allgemein angenommene Erklärung Joh. Schmidts von arkad. τείω, der auch ich mich angeschlossen habe. Er beruft sich gegen sie auf Bechtels Identifizierung von τείω mit ai. *cáyate* „er straft", dessen ursprüngliche Flexion nach ihm gelautet haben soll *kéjo : keiḱsi*. Die Entscheidung über die Zulässigkeit dieser Hypothese überlasse ich den Indogermanisten. — Bei der folgenden Polemik gegen die allgemein verbreitete Erklärung von kypr. τείσει, der auch ich gefolgt bin, hat H. übersehen, dass der von ihm gehegte Gedanke bereits von Brugmann, Morph. Unters. IV 490 f. ausgeführt worden ist; Brugmann aber weist den Gedanken schliesslich ab, weil nach dem vermuteten Lautgesetz im Aeolischen *πὲ, nicht τὲ, für *que* stehen müsste. H. geht mit seiner gewöhnlichen Zuversicht drauf los, ohne diese Schwierigkeit gesehen zu haben. — Auch in der folgenden, nicht gegen mich gerichteten Bemerkung über ν ἐφελκυστικόν macht sich H. einer Flüchtigkeit schuldig, indem er sagt, dass dieses ν „*sämtlichen kyprischen Steinen fremd*" sei. Er hat vergessen, dass die jüngeren kyprischen Steine 14^d und 14^e es haben (s. Griech. Dial. II 255).

S. 110. Gegen meine Erklärung der Nominative auf -ής von ursprünglichen -ηF-Stämmen bemerkt H.: „*Wenn eine analogistische Erklärung des Nominativs auf -ής nur so möglich ist, dass sie für den kyprischen Dialekt einen andern Anknüpfungspunkt wählt als für den arkadischen, welcher noch dazu dem kyprischen äusserst nahe steht — so ist sie in den Augen jedes Unbefangenen gerichtet.*" Warum? Die von mir angenommenen analogistischen Neuerungen sind doch erst auf einzeldialektischem Boden eingetreten, im Kyprischen tritt das betreffende Beispiel erst auf einer der jüngsten Inschriften auf. Warum also sollen Arkader und Kyprier, die viele Jahrhunderte nach ihrer Trennung völlig unabhängig von einander nach dem Wegfall des inlautenden Digamma die Flexion der alten -η$_i$F-Stämme (-εύς, -ῆος u. s. w.) mit der anderer Stämme ausgeglichen und einfacher machten, dieselben Vorbilder für ihre Neubildungen gewählt haben? — Gleiche Freiheit hierin hatte natürlich auch der attische Dialekt.

S. 112. „*Die an sich richtige Beobachtung, dass die 3. Sing. Konj. Akt. im Arkadischen und Kyprischen auf -η endigt, führt M. zu der unrichtigen Annahme, dass die 2. und 3. Sing. Konj. Akt. urgriechisch auf -ης -η ausgingen und dass ι ihnen erst nach der Analogie der Indikativformen auf -εις, -ει gegeben wurde. Im Konjunktiv lagen vielmehr -η$_i$ς, -η$_i$ und -ης, -η neben einander: jene waren die Endungen des Präsens, diese die des Imperfekts, dessen Konjunktiv vollständig in den arischen, fragmentarisch in den europäischen Sprachen nachzuweisen ist.*" Die Formen -η$_i$ς -η$_i$ sind für die ältere Zeit im Griechischen nicht nachweisbar. Neben der langvokalischen Konjunktivflexion λύω λύης λύῃ λύωμεν λύητε λύωντι stand urgriechisch die kurzvokalische sigmatische, die sich mit dem Indikativ des Futurs deckt: λύσω λύσεις λύσει λύσομεν λύσετε λύσοντι; die Konjunktivbildung λύης λύῃ ist im böotischen, arkadischen und kyprischen Dialekte nachgewiesen, die Konjunktivbildung λύσεις λύσει im ionischen und kretischen. Ich halte die Möglichkeit aufrecht, dass in λύῃς λύῃ λύσῃς λύσῃ Ausgleichsbildungen (zwischen λύης λύη und λύσεις λύσει) vorliegen wie in λύσωμεν λύσητε λύσωντι.

S. 113. Ueber den „reinen a-Aorist" vgl. weiter oben zu S. 51.

KYPRISCH.

Hier will sich H. darauf beschränken, „*nur die ärgsten Fehler und Versehen zu berichtigen*". Ich gehe die von ihm angeführten Stellen einzeln durch.

S. 138. „*Ein αἰτάρ hat es auf jeden Fall nicht gegeben*", so sagt er zur Inschr. nr. 3. Der Sachverhalt ist folgender. Das Material für unsere Kenntnis der Inschrift 3 besteht aus der Abbildung in Cesnolas Cyprus, T. VII nr. 51, der Pieridesschen in den Transactions of the soc. of Bibl. Arch. V 95 nr. 10 (T. A nr. 4) und der Rezension der Deeckeschen Sammlung von Hall, der die sorgfältig gereinigten Originale auf die Deeckeschen Angaben und Lesungen hin aufs neue geprüft hat. Es handelt sich um das 2. Zeichen der 2. Zeile. Bei Cesnola sieht es aus wie ein paphisches *se*, Pierides dagegen giebt ein völlig deutliches und zweifelloses *i*, Hall sagt, es sei „a plain *i*". Wie H. zu der Behauptung kommen konnte, dass das betreffende Zeichen „*der Abbildung bei Pierides nach in einer Weise verletzt sei, dass sehr wohl ein w darin erkannt werden könne*" ist mir völlig unklar, wenn er nicht etwa in der Flüchtigkeit, die bei seiner Arbeit allenthalben zu Tage tritt, die Abbildungen bei Cesnola und Pierides einfach verwechselt hat. Also nach Pierides' Abbildung und Halls Angabe steht αἰτάρ in der Inschrift, nach der rohen Abbildung bei Cesnola *a · se ? · ta · ra ·*, was nichts ist. Ein αἰτάρ ist sonst nicht belegt, in den Inschriften 2 und 15 kommt αὐτάρ an gleicher Stelle im Satze vor. Dass sich αἰτάρ aus αἰτ' ἄρ (αἴτα : εἶτα = αἴ : εἰ) „ferner nun" (wie αὐτάρ aus αὖτ' ἄρ „wiederum nun") erklären lässt, habe ich S. 227 gezeigt; H. freilich meint, αἰτάρ sei trotz meiner Erklärung, weil er „*mit ‚ferner nun' nichts anzufangen*" wisse, „*sinnlos*" — eine schöne Logik! — Was ist nun methodischer: die — nach unserem Material zu urteilen — sichere und wohl erklärbare Lesung αἰτάρ festzuhalten, bis Jemand uns nachweist, dass unser Material in diesem Punkte unzureichend ist, oder mit H. den „*sicheren Schluss*" aus dem vorgetragenen Sachverhalt zu ziehen, „*dass entweder αὐτάρ auf dem Steine gestanden und nachträglich eine Verletzung erlitten hat, oder dass αἰτάρ ein Fehler des Steinmetzen sei, welchen dieser vielleicht selbst bemerkte und zu bessern versuchte*"? Die Antwort kann nicht zweifelhaft sein.

S. 139—141. In der Inschrift nr. 26 (H. falsch 27) erklärt H. meine Lesung Κυπρὼ Κωράτιϝος und Ὀλλάω · ὁ δὲ für „*unrichtig*", denn „*sämtliche Worte dieser Inschrift sind durch Strich-Divisoren von einander getrennt*": er selbst liest aber mit Deecke ὅ μοι πόσις, unbekümmert darum, dass weder nach o᛫ noch nach i᛫ ein Divisor sich befindet, unbekümmert um meine gegen Gebrauch und Stellung des Dativs μοι gerichteten Einwendungen. Er versteht „*einen Namen Ὄλλαος* = *Ἀνάλεως nicht": ich habe zu seiner Erklärung auf Ἀνα-κρέων und Ὑπέρ-λαος hingewiesen; Ὄλλαος ist „ἀνὰ τὸν λαὸν sc. ὤν" (vgl. ἀνὰ στρατόν), wie Ὑπέρλαος „ὑπὲρ τοῦ λαοῦ" sc. ὤν. „*Die Zeichen o᛫la᛫o᛫o᛫te᛫ gehören, da sie nicht durch einen Divisor getrennt sind, eng zusammen. Ich glaube, sie Beiträge XIV 270 richtig als ὁ λᾶο ὅδε gedeutet zu haben*: „*Ich, dieser Stein hier, bin ein Denkmal der Kyprokratis.*" Bei der Begründung „*da sie nicht durch einen Divisor getrennt sind*" nimmt es H. wieder mit der Sache nicht genau. Ich habe ausdrücklich bemerkt, dass die Abdrücke am Ende der 1. Zeile die Zeichen nicht scharf geben und über den Divisor im Unklaren lassen. Ein bestimmtes Urteil also, ob am Ende der 1. Zeile ein Divisor und was für einer da stand, lässt sich zur Zeit nicht geben. Nach wiederholter Prüfung der Abklatsche glaube ich aber hier einen Strich-Divisor, und auch in den von mir bemerkten Punkt-Divisoren gleichfalls Strich-Divisoren, die oben stärker als unten eingehauen sind, zu erkennen. Doch davon abgesehen, was liest H. aus den fraglichen Worten heraus: „*Der Kyprokratis ist der Stein hier*". H. hätte Beispiele anführen sollen, dass wirklich ὁ λᾶς ὅδε oder ὁ λίθος ὅδε so einfach für „Grab" oder „Grabdenkmal" stehe, ich kenne keins.

S. 142. „*μεγαγεύτατος* ist jedenfalls eine dem Sinne wie der Form nach unmögliche Bildung", denn „wenn *ἀγεύς* durch Komposition mit *μέγα* bereits superlativische Bedeutung gewonnen hat, so lässt sich doch von diesem superlativischen Kompositum nicht noch ein neuer Superlativ bilden." H. kennt also Superlativbildungen wie μεγαλοπρεπέστατος nicht! Uebrigens zeigt er die Flüchtigkeit, mit der er von meinem Buche Kenntnis genommen hat, auch hier wieder, indem er gegen eine Lesung polemisiert, die ich nach den neuesten epigraphischen Funden aufgegeben und durch μεγαγευϝός ersetzt habe, vgl. S. VII meines 2. Bandes.

S. 143. Meine fragweise ausgesprochene Vermutung über die Lesung von ta·pi·te·ke·si·o·i·τ' Ἀπιτεξίωι ziehe ich zurück; -τεξιc- müsste als eine Kontaminationsbildung von (-τεκ-τιο-:) -τεξο- und -τεκτιο- aufgefasst werden, und ich verhehle mir das Gezwungene dieser Erklärung nicht. Es ist ein schwieriges Wort! Nach H. freilich ist die richtige Deutung schon von Ahrens gefunden: τῶι θεῶι τ' ἀ(μ)φιδεξίωι; vorsichtigere Kritiker werden sich fragen, was denn ἀμφιδέξιος heissen solle, und ob dieses Wort als Epitheton eines Gottes, hier des Apollon, wahrscheinlich gemacht werden könne. Ahrens, Philologus XXXVI 8, wollte einen Beinamen des „Bogenschützen" Apollon darin sehen, indem er die Hesychglosse ἀμφιδεξίοις χερσί · ταῖς τῶν τοξοτῶν, διὰ τὸ ἑκατέραν χεῖρα ἐνεργεῖν ἐν τῷ τοξεύειν. Αἰσχύλος Τηλέφῳ verglich, wonach ὁ θεὸς ὁ ἀμφιδέξιος „der Gott, der mit beiden Händen fassende" sein sollte. Das ist nicht glaublich und wird ausser von H. wohl von Niemandem geglaubt. Wie Deecke sich früher ἀμφιδέξιος zurechtlegte, habe ich in meinem Buche a. O. bemerkt. Er selbst hat diese Erklärung seitdem wieder verworfen. Und mit Recht. Denn wenn man auch ein Wort, ein Orakel „zwiefach zu fassen" nennen kann, so kann man das schwerlich von einem Gotte sagen. Λοξίας ist kein passendes Analogon. Jetzt denkt Deecke, wie er mir brieflich mitgeteilt hat, an die Lesung τ' Ἀ(μ)φιτεγησσίωι, die auch ich früher in Erwägung gezogen habe: „dem Gotte, welcher um Tegessos ist", vgl. das homerische ὃς Χρύσην ἀμφιβέβηκας und in der Inschrift nr. 60: τὰν Ἀθάναν τὰν πὲρ Ἠδάλιον, wo vielleicht richtiger, worauf mich Deecke aufmerksam macht, τ. Ἀ. τὰν Περηδάλιον zu schreiben ist, vgl. Ποτειδάον: Ἐμπυλήοι böot. GDI. 718. Diese Lesung der behandelten Stelle hat manches für sich, freilich möchte man Apollonkult für Tegessos nachgewiesen sehen. Deecke ist mit mir übereingekommen in der Lesung -τεγησ(σ)ίωι, weil er meine Bemerkung, die ich a. O. über die nachträgliche Korrektur des Steinmetzen, der aus einem *ki·* ein *ke·* machte, nach Prüfung der Photographie begründet gefunden hat. Nach H. (S. 890) freilich „*steht ki· an dieser Stelle völlig sicher. Spuren einer nachträglichen vom Steinmetzen herrührenden Korrektur des Zeichens habe ich nicht entdecken können.*" Ich frage ihn, auf Grund welchen Materiales er seine Entdeckungsversuche angestellt hat, ob er das Original oder einen Gipsabguss oder wenigstens eine Photographie der Inschrift daraufhin geprüft hat? Oder sollte er die Zuversichtlichkeit seiner Behauptung lediglich aus einer Betrachtung der bekannten ungenügenden Abbildungen der Inschrift geschöpft haben? Ich habe die Photographie des Steins und im Herbst dieses Jahres auch den im Berliner Museum befindlichen Gipsabguss desselben genau geprüft und mir vor demselben folgende Beobachtungen über die Zeichen der Inschrift notiert: Was ich über die Korrektur aus *ki·* in *ke·* nach der Photographie bemerkt habe, bestätigt sich mir vor dem Abguss. Namentlich der obere starke Horizontalstrich ist sofort auffällig; feiner, aber ebenso klar zu sehen ist der lange Vertikalstrich (von r. n. l.). Der Steinmetz hat noch zweimal in dieser Inschrift versehentlich gesetzte Zeichen weggemeisselt, resp. korrigiert: in Z. 1 ist von ihm nach κατέστασε ein Zeichen (nach den Umrissen der Stelle einem *ka·* ähnlich) ganz weggehauen, und am Anfang von Z. 2 hat er erst ein *te·* gesetzt und dann ein *ti·* daraus gemacht, zu dessen rechtem Seitenstrich er den linken Seitenstrich des zuerst eingehauenen *te·* benutzt hat.

S. 144. Gegen meine Lesung der Inschrift 41 bemerkt H.: „*Diese Lesung enthält zunächst zwei sprachliche Fehler, nämlich δάρι und χάρι: die Formen müssten im Dialekte δάριϜι und χάριϜι lauten, da die ι-Stämme im Genetive die Endung -Ϝος, im Dative die Endung -Ϝι annehmen: vgl. ΤιμοχάριϜος 39, 193, ΠρῶτιϜος 25*[n],

Κυπροκράτι–Ϝος 26, πτόλιϜι 60. Ferner ist auf keiner der übrigen kyprischen Grabinschriften das Verbum ausgelassen. — Genügen schon diese Einwände von sprachlicher Seite, um M.'s Lesung zu widerlegen, so wird dieselbe dadurch völlig wertlos, dass sie den überlieferten Zeichen nicht entspricht. Ich habe Beiträge XIV 273 ausdrücklich hervorgehoben, dass das von Deecke als pi· gedeutete Zeichen nicht die geringste Aehnlichkeit mit einem pi· hat, sondern dass es aus den beiden Zeichen pe· sa· (oder pe· se·, vgl. unten) besteht, welche durch eine Verletzung des Steines mit einander verschmolzen sind. Die von mir a. a. O. hinzugefügte Abbildung lässt das deutlich erkennen. Diese Thatsache ignoriert M. völlig. Ferner lässt sich von dem hinter pa· stehenden Zeichen das eine wenigstens mit Sicherheit behaupten, dass es kein ti· ist." Dass die Genetive von -ι-Stämmen auf -Ϝος und der Dativ πτόλιϜι im kypr. Dialekt entstandene Neubildungen sind, liegt auf der Hand; dass zur Zeit unserer Inschriften die überkommene Bildungsweise von der Neubildung nicht gänzlich verdrängt war, zeigt der Genetiv ('Ονάσιος:) 'Ονάιος 25°; die Kasus mit konsonantisch beginnenden Suffixen (z. B. πτόλι-ς, πτόλι-ν) hielten das Gefühl lebendig, dass man es mit -ι-Stämmen, nicht etwa mit -Ϝ-Stämmen zu thun habe. Wie darf also, wenn neben einem ('Ονάσιος:) 'Ονάιος ein Dativ χάρι δάρι angenommen wird, dies für fehlerhaft erklärt werden? H. aber, der mit doppelter Kreide schreibt, legt mir die Annahme dieser kyprischen Dativform sofort als „zwei sprachliche Fehler" zur Last! Für die Weglassung des Verbums „haben errichtet" führte ich als Beispiel GDI. 950 an; wenn H. bemerkt, dass „auf keiner kyprischen Grabinschrift das Verbum ausgelassen" sei, so frage ich: was giebt es denn für vergleichbare kyprische Grabinschriften? nr. 20 und nr. 71 sind des vorausgehenden vollständigen Satzes mit ἠμί wegen nicht analog. Die Grabschrift nr. 41 ist vorläufig auf Kypros einzig in ihrer Art. — Meine Deutung der Zeichen gründet sich auf drei Abklatsche, die ich aus dem British Museum erhalten habe; einen davon habe ich an Deecke gegeben, es mag wohl derselbe sein, den H., wie er sagt, von Deecke zur Verfügung gestellt erhalten hat und nach dem er seine auf diese Inschrift bezüglichen Abbildungen in Bezzenb. Beitr. XIV gemacht hat. H. behauptet nun, dass Deecke und ich in der zweiten Zeile das

8. und 9. Zeichen unrichtig mit e· pi· wiedergegeben hätten, die Zeichen seien vielmehr pe· sa· oder pe· se· zu lesen. „Diese Thatsache ignoriert M. völlig". Ich weiss nicht recht, welchen Sinn das Wort „Thatsache" in H.'s Deutsch hat. Gestattet ihm vielleicht seine Bescheidenheit, mit diesem Worte seine Deutung der fraglichen zwei Zeichen zu benennen? Oder meint er damit die Abbildung, die er von ihnen entworfen hat? Die ist total verzeichnet. Das erste Zeichen e· hat rechts den gewöhnlichen Bogen, der scharf eingehauen oben und unten dem Vertikalstrich des Zeichens sich zuwendet. Die Annahme H.'s, dass diese Bogenlinie oben sich rechts wende, um so einem pe· ähnlich zu werden, muss ich nach meinen Abdrücken als ausgeschlossen bezeichnen. Den folgenden Buchstaben, den H. früher für sa· ausgab, will er jetzt für ein se· angesehen wissen. Ich will von anderen Punkten, die gegen diese Deutung sprechen, schweigen, aber wie kann er die von dem Längsstrich des Zeichens rechts unten ausgehende scharf und deutlich eingehauene Seitenlinie übersehen? Die passt doch weder zu sa· noch zu se·; sein Versehen ist um so auffallender, als er ja das an übernächster Stelle folgende Zeichen, das ganz anders aussieht, für ein se· angesprochen hat! — Gegen seine frühere, jetzt von ihm veränderte Deutung e· pe· sa· ta· se· = ἐπέστασε hatte ich eingewendet, dass sie gegen die kyprischen Schriftregeln verstosse, nach denen das vermutete Wort e· pe· se· ta· se· geschrieben sein müsste. H. erkennt an, dass er diesen Grund gelten lassen müsse. „Aber ist diese Schriftregel wirklich immer streng durchgeführt? Wir lesen a· pi· te· ki· si· o· i· = ἀ(μ)φιδεξίωι neben e· ke· so· si· = ἔξωσι, wir lesen ku· po· ro· ko· ra· ti· vo· se· = Κυπροκράτιϝος, obwohl ku· po· ro· ka· ra· ti· vo· se· geschrieben sein sollte. Es wäre auch wirklich zu verwundern, wenn die verschiedene Schreibung der inlautenden Konsonantengruppen, welche im Grunde doch willkührlich und eigentlich überflüssig ist, immer streng durchgeführt wäre. Ein Abweichen von der Regel ist dann besonders leicht erklärlich, wenn die betreffende inlautende Konsonantengruppe den Anfang eines sonst selbständig vorkommenden Stammes oder Wortes bildet. Das würde bei e· pe· sa· ta· se· = ἐπέστασε der Fall sein, da der Stamm sa· ta· = στα- in vielen kyprischen Eigennamen im Anlaute überliefert ist, z. B. sa· ta· sa· to· ro· se· = Στάσανδρος."

Ich mache auf diese Beweisführung aufmerksam, sie kennzeichnet die Methode H.'s; dass die beiden der Regel widersprechenden Fälle, die H. anführt, falsch gelesen sind, habe ich sowohl in meinem Buch, als auch, was den ersten Fall betrifft, oben zu S. 143 ausgeführt. S. 145. Die den Schriftregeln widersprechende Lesung εὐξάμενος will H. wieder durch das falsche ἀ(μ)φιδεξίωι stützen; von meiner den Regeln folgenden Lesung εὐχασάμενος sagt er: „Was liest M.? ‚εὐχασάμενος; εὐχίομαι von εὐχή abgeleitet'. Derartige Einfälle unterdrückt man besser." Glaubt H. damit etwas gesagt zu haben? S. 146. Ueber die Inschrift nr. 56 bemerke ich a. a. O.: „Das dritte Zeichen der 2. Zeile ist in der Abbildung von Birch, die M. Schmidt wiederholt, ein sicheres *no*, während die Kopie von Hall einen Strich über den beiden Schenkeln zeigt, der es zum *za* oder *vi* werden lässt. Wenn dieser Strich nicht beabsichtigt ist, sondern mit Birch und M. Schmidt das Zeichen als *no* gefasst werden könnte, so liesse sich allenfalls lesen: Παφοὶ γε εὖνοϝε, ἰδέ ‚ο (Göttin) Παφῷ (= Παφία), freundliche, siehe (dieses Weihgeschenk)!" ἰδέ statt ϝιδέ wäre nach § 10, II, 1, d nicht gerade undenkbar. Oder hat auf dem Original das vorletzte Zeichen die von *i* nur wenig sich unterscheidende Gestalt des *vi*, so dass ϝιδέ zu lesen wäre? Aber auch der Gebrauch des hervorhebenden γὲ und des Beiwortes befremden, so dass es mir geratener erscheint, von der Benutzung dieser (echten?) Vaseninschrift vorläufig Abstand zu nehmen." Ich dächte, daraus ginge meine Meinung deutlich hervor. Die Angaben über diese in der Cesnola-Sammlung zu New-York **nicht vorhandene** Vase waren mir nicht zuverlässig genug, um die Inschrift derselben in meiner Darstellung des Dialekts zu verwenden. H. erlaubt sich zu sagen: „*Die Bemerkung M.'s ‚ἰδέ statt ϝιδέ wäre nicht gerade undenkbar', verdient eine scharfe Rüge. Denn es verstösst gegen jede sprachliche Kritik, wenn man in einer Inschrift, die inlautendes rau* (εὖνοϝε) *bewahrt hat, das Fehlen eines anlautenden rau für ‚nicht gerade undenkbar' erklärt.*" Indem ich die Anmassung, die sich in diesen Worten ausspricht, als ungehörig zurückweise, wiederhole ich, dass, wenn sonst an der Inschrift alles klar wäre, ein ἰδέ neben εὔvoϜε nicht undenkbar wäre; man würde dann anzunehmen haben, dass die Inschrift später Zeit entstamme, in der vau auch im Anlaut (vgl. ἀνάσ(σ)ας 33) geschwunden war, und dass in εὔvoϜε der nicht mehr gesprochene Laut archaisierend beibehalten sei, nach dem Gebrauche in älteren Weihinschriften solcher Fassung. Und eine derartige Annahme würde zulässig sein.

S. 146—147. Von der Kruginschrift Nr. 57 *ke · ti ·* glaube ich mit den Früheren, dass sie den Stadtnamen Κέτιον als Fabrikationsort angiebt; auf die andere Lesung, die ich daneben als „möglich" bezeichnete, χέθι „giesse", lege ich kein Gewicht. Aber H. hat Unrecht, wenn er zu dieser Form bemerkt: „*Ein χεῦθι und χῦθι würde ich verstehen — aber die von M. konstruierte Form χέθι ist nach griechischen Lautgesetzen nicht zu erklären.*" Erklärbar würde sie sein, vgl. σές· ἔλα. Πάφιοι Hesych (s. Griech. Dial. II 276). Wie sich σέ-ς zu σεύω verhält, so könnte sich χέ-θι zu χεύω verhalten. In der Zeit nach dem Wegfall des vau konnte von dem Aorist (*ἔσσεϜα *ἔχεϜα:) *ἔσσεα ἔχεα σε- und χε- als Stamm empfunden und mit der imperativischen Endung verbunden werden. „In ähnlicher Weise schuf man in Anlehnung an χέω in späterer Gräcität einen Aorist ἐχέθην statt ἐχύθην (zuerst ist ἐχέθην richtig beurteilt worden von Pott, Etym. Forsch. II² 963), und in Anlehnung an γλυκέες γλυκέων den Lokativ γλυκέσι statt *γλυκύ-σι, ebenso τοκέσι statt τοκεῦσι nach τοκεῖς = γλυκεῖς" Brugmann, Morph. Unt. III 20.

S. 148. Bei der Inschrift nr. 59 stimmt H. der Deecke-Siegismundschen Lesung ἐπέτυχε zu, ohne meine Gründe gegen die bisherige Auffassung zu nennen, geschweige denn zu widerlegen; wie er den Satz ἀφ' ὦι Ϝοι τᾶς εὐχωλᾶς ἐπέτυχε konstruieren und übersetzen will, sagt er nicht. Deecke-Siegismund hatten, wie mir Deecke selbst (nach dem Erscheinen meines Buches) mitgeteilt hat, eine Konstruktion, ἐπιτυγχάνει μοί τινος „mir wird etwas zu Teil" angenommen; ich habe dagegen eingewendet, dass eine solche Konstruktion sich griechisch nicht nachweisen und nicht wahrscheinlich machen lässt, dass es vielmehr ἐπιτυγχάνει μοί τι heissen müsse. Weil ich somit den Genetiv τᾶς εὐχωλᾶς der bisherigen Auffassung nach nicht erklärbar fand, versuchte ich einen anderen Weg der Erklärung einzuschlagen, indem ich, wie früher Ahrens, ἐπέδυκε las, und τὰς εὐχωλάς als Objekt, ὁ θεός als Subjekt davon auffasste. Dass kyprisch auch ω (wie o) dumpf gesprochen wurde, scheint aus der Hesychglosse κυνόπισμα = *κωνόπισμα hervorzugehen. Die Schreibung der Inschriften ist ja im allgemeinen die etymologische und hält -ω- fest; wie aber auch sonst in die etymologische Schreibung sich doch einzelne Beispiele der phonetischen — als „orthographische Fehler" — eingeschlichen haben (φρονέωἰ u. ä., s. Griech. Dial. II 250, ich erinnere z. B. auch an das eine ἀδευφ- neben dem häufigen ἀδελφ- der grossen Gortyner Inschrift), so glaubte ich auch ein ἐπέδυκε für ἐπέδωκε als ein Ausweichen von der etymologischen nach phonetischer Schreibung hin erklären zu können. Wenn also H. meine Erklärung „lautgesetzlich unmöglich" nennt, so ist dieser Ausdruck unberechtigt. Hätte er sie des Umstandes wegen, dass kein zweites epigraphisches Beispiel gerade dieser phonetischen Schreibung vorliegt, für zweifelhaft erklärt, so würde ich ihm Recht geben, und ich glaube jetzt den Weg gefunden zu haben, auf dem wir mit der Lesung ἐπέτυχε den Satz der griechischen Syntax gemäss verstehen können. Ich fasse nämlich jetzt τᾶς εὐχωλᾶς als ablativischen Genetiv „von dem Rufe (Gebete, Gelübde) aus, d. i. infolge des Rufes", und übersetze darnach: „weil ihm infolge des Rufes Erfüllung zu teil geworden war". — Gegen meine Erklärung von δυϝάνοι wendet H. ein: „*Die Verdumpfung von o zu v hat sich nur in Endsilben (vgl. ἀπύ, ἐϜρητάσατυ), nicht aber in Stammsilben vollzogen*". Aber vergisst er denn ganz kyprisch ὄν aus ἄν? ὀνέθηκε 45 erkennt er doch an! — Seine Erklärung von δοϝένα: dürfte nicht zutreffend, vielmehr an der Vergleichung mit ai. *da-van-e* festzuhalten sein; die Endung ist doch wohl -ϝέναι, oder soll etwa auch ἱέναι (aus ἰ-ϝέναι) in ἰϜ-έναι zerlegt werden?

S. 149. H. greift meine Lesung ἰ(ν) τύχαι ἀζαται „bei eingetretener Dürre" an, indem er behauptet, die von mir verworfene frühere Lesung ἰ(ν) τύχαι ἀζαθᾶι sei „*tadellos*", dagegen beweise die von mir aufgestellte „*die vielleicht manchem ein Lächeln abzwingen*" werde, dass ich „*nicht nur der Sprache die unglaublichsten Bildungen und Bedeutungsentwicklungen zutraue, sondern auch den Sprachgebrauch der Inschriften viel zu wenig berücksichtige*". Zum

Aufgeben der von Ahrens vorgeschlagenen und bisher allgemein angenommenen Lesung ἀζαθᾶι bewog mich zunächst der Umstand, dass gemeingriechisches, auf indog. Palatalis zurückgehendes γ — und ein solches liegt meiner Ansicht nach in ἀγαθός vor — kyprisch nirgends in ζ übergegangen ist. ζᾶ „Land, Ackerland" ist etymologisch unklar; Zusammenhang mit ion.-att. γῆ ist wahrscheinlich, aber dessen Etymon ist unbekannt, und die Grammatikerüberlieferung eines dialektischen δᾶ (δῆ), die vielleicht blos der Deutung von Δημήτηρ als Γῆ μήτηρ zuliebe gemacht ist, hilft uns nichts, da δ- nicht aus vel. g vor ᾱ entstanden sein kann. Also darf man sich auf kyprisch ζᾶ nicht stützen bei der Annahme eines kyprischen ἀζαθᾶι = att. ἀγαθῆι. Ich sagte, dass meiner Ansicht nach in ἀγαθός indog. Palatalis vorliege, denn ich halte an Baunacks Deutung des ersten Stammes aus ἄγα „sehr" (Grundform wohl ἀγα-θϝ-ός „sehr stürmend, sehr schnell") fest: dass lautlich dem nichts entgegensteht, liegt auf der Hand, und die Bedeutungsentwicklung, gegen die sich von mehreren Seiten Widerspruch erhoben hat, ist durchaus nicht auffallend; schon aus dem homerischen Gebrauche des Wortes musste erkannt werden, dass ἀγαθός eine physische, nicht aber eine ethische Tüchtigkeit bezeichnet. Die von H. wieder vorgebrachte Vereinigung von ἀγαθός mit got. gōds „gut" ist ebenso oft schon zurückgewiesen wie vorgetragen worden. — H. stellt nun meiner Beobachtung, dass auf indog. Palatallaut zurückgehendes γ kyprisch unverändert bleibe, neuerdings den Satz entgegen, dass „*in Idalion und Umgegend jedes γ vor folgendem a in ζ verwandelt worden*" sei. Wegen der Belege dieses Satzes verweist er auf seinen Aufsatz in Bezzenb. Beitr. XIV 287. Schlagen wir diese Stelle auf, so finden wir folgendes: „*πέπαζα steht für πέπαγα und ist Perfektum zu πάγνυμι. Vor a hat sich bei den Kypriern eine palatale Aussprache des γ entwickelt, vgl. τᾶι ζᾶι* ($60_{8, 17, 24}$), *τὰς ζάς* (60_{30}), *ἀζαθᾶι* ($37_3, 59_4$) *und die hesychischen Glossen: ζάβατος· πίναξ ἰχθυηρός. παρὰ Παφίοις; ζάματος· πίναξ ἰχθυηρός. παρὰ Παφίοις. Ferner: ζαμάτιον· τρυβλίον. Dass ζ in diesen Worten aus γ entstanden ist, beweisen die ebenfalls im Hesych stehenden Glossen: γαβαθόν· τρυβλίον; γαμάτιον· τρυβλίον. Der Stamm ist ein semitischer.*" Dass das phönizische Wort, dessen Anlaut die Griechen bald so, bald so wiedergegeben haben, für

ein kyprisches Lautgesetz keinen Beleg abgeben darf, hätte H.
selbst bedenken sollen. Beiläufig bemerke ich auch, dass die
Glossen paphisch sind, H. sein „Lautgesetz" aber „in *Idalion
und Umgegend*" wirksam sein lässt. Dass ζα̃ nicht herangezogen
werden darf, ist schon gesagt worden. Bleibt πέπαζα. Diesen
letzten „*Beleg*" hat er seiner Lesung der Inschrift nr. 88 ent-
nommen. Er liest dieselbe wie folgt (Bezzenb. Beitr. a. O.):
„Δολίμηλο(ς) Fέθοχο(ς) ἀλέJ̣ο(ν)τες χόο(ν) τά(ν)δ᾽ ἐπέFασαν· τόφρα
⌜(Χ)⌝λῶρος τά(ν) λίθο(ν) πέπαζα, κατ᾽ Ἡθι(ς) πὸς ἱρόχθο[ν']
ὦFατ' ἔγκε.
„*Dolimelos und Vethochos haben bei ihrer Abreise diese Vase geweiht. Indessen habe ich, Chloros, den Alabaster gefügt und Ethis
hat Henkel aus geweihter Erde darangelegt.*"

Wenn nun auch diese Leistung H.'s nicht wert ist, dass man
näher auf sie eingeht, so könnte sie doch vielleicht bei Solchen,
die den kyprischen Studien fern stehen, Unheil anrichten, da H.
ausser in Bezzenb. Beitr. auch in dem Journal of Cypr. stud.
und nun zum dritten Male in der Rezension meines Buches auf
sie hinweist und frei erfundene „Lautgesetze" mit ihr „belegen"
will; ich unterziehe mich also der unangenehmen Aufgabe im
einzelnen nachzuweisen, dass sie auf Hirngespinsten beruht.

Werfen wir vorläufig einen Blick auf den Sinn der Uebersetzung. Es haben zwei Leute eine Alabastervase geweiht bei
ihrer Abreise. Indessen hat ein Dritter den Alabaster gefügt.
„*Indessen*"? Soll das heissen: während ihrer Abreise? oder während der Weihung? „*Den Alabaster gefügt*": Alabaster wird doch
nicht „gefügt", sondern mit Drechslerwerkzeugen bearbeitet; meint
etwa H., dass die Vase früher zerbrochen und von jenem „Chloros"
gekittet worden sei? Aber es kommt noch lustiger. „*Ethis hat
Henkel aus geweihter Erde darangelegt*": also Thonhenkel an eine
Alabastervase gekittet? Und noch dazu aus „*geweihtem*" Thon?!
Wer hat dergleichen schon gehört oder gesehen? Dass auch diese
wie andere Alabastervasen solide, nicht angekittete Henkel hatte,
giebt Cesnola nach Halls Mitteilung ausdrücklich an, und —
wunderbar! Diese Angabe betrachtet H. als eine „*Bestätigung*"
seiner Auffassung: „*Ganz unerwarteter Weise ist die Interpretation,
welche ich der zweiten Hälfte von Zeile 2 lange, bevor Halls Aufsatz*

erschien, gegeben hatte, durch die von Cesnola verfasste und von Hall wieder abgedruckte Beschreibung der Vase bestätigt worden: "The vase has two small solid ears". Sollte H. das Wort "solid", das er gesperrt druckt, missverstanden haben? Sehen wir uns nun das Griechisch an, das H. mit seiner Lesung zustande gebracht hat. "Δολίμηλος. Die Adjektive auf -ιος stiessen in der Komposition ihr o auch vor folgender Konsonanz aus, vgl. z. B. Πυθηγέτης, Πυθίλαος neben Πυθιονίκη. -μηλος ist als zweites Namenselement zahlreich vertreten z. B. Ἀρχίμηλος, Θρασυμηλίδας, Κλεόμηλος u. s. w. Neubauers -μελος ist sprachlich unmöglich, da von μέλομαι stets Namen auf -μέλης gebildet werden." Und diese "sprachlich unmögliche" Lesung Δολίμελο(ς) hat H. in dem später geschriebenen Aufsatz im Journal of Cypr. stud. stillschweigend an die Stelle der seinigen gesetzt, weil er mittlerweile die Entdeckung gemacht hat, dass die in der oben berichteten Weise von ihm "hergestellte" Inschrift aus 2 Hexametern besteht. So steht wirklich a. O. zu lesen, und aus dem Metrum dieser "Hexameter" werden Schlüsse gezogen für die Aussprache des -ϝ- vor Explosiven im Kyprischen! — "Fίθοjος. Das erste Element ist Fίθος ,Sitte, Gewohnheit'." Der Name ist unbekannt, ich kenne überhaupt keinen griechischen Eigennamen, der mit dem Stamme von ἔθος gebildet wäre. — "ἀλίϝο(ν)τες. Die Lesung steht sicher. In ἀλίϝω sehe ich das Aktivum zu ἀλεύομαι ,weichen, entfliehen'. Die Bedeutung ,abreisen' scheint mir die nächstliegende zu sein." Das Aktivum heisst "entfernen", nicht aber "sich entfernen". — "πὸς — ἦκε ist durch Tmesis getrennt". Aber dass προσιέναι "ankitten" heissen könne, bleibt ohne Nachweis. — ἱρόχθο[ν]' ὠϝατα "Henkel aus geweihter Erde". Aber die arkadisch-kyprische Form ist ἱερο-, von einem ἱρο- nirgends eine Spur! — "ὠϝατα ist die dialektisch geforderte Form für οὔατα". Meiner Ansicht nach dürfte *ὀϝατα die "dialektisch geforderte" Form sein. Ich schliesse die Prüfung dieser epigraphischen Leistung H.'s mit einem Hinweis auf das von ihm beobachtete kritische Verfahren. Die Vase selbst, zur Cesnola-Sammlung gehörig, ist, wie Hall anführt, nicht mit nach New-York gekommen, während sie 1872 in England gewesen ist. Vielleicht tritt sie einmal wieder zu

Tage. Für jetzt sind die vorhandenen zwei Kopien alleinige Grundlage der Kritik und Exegese dieser Inschrift; die eine, von Cesnola 1870 in Kypros gefertigt, ist in einer Umschrift, die an zahlreichen Stellen zwischen mehreren Deutungen die Wahl lässt, von Hall mitgeteilt worden, von der anderen, von Birch 1872 in England gemachten, befindet sich eine Faksimilewiedergabe in Schmidts Sammlung. Die zahlreichen Varianten nun, die Hall gegenüber der Birchschen Lesung aus Cesnolas Kopie notiert, lässt H. unbeachtet; ja, er hat sogar die Kühnheit bei so äusserst unsicherer Grundlage der Kritik Zeichen, in denen beide Kopien übereinstimmen, auf dem Wege der Konjektur zu ändern: *„Da mir alle Versuche, xe· am Anfang von Zeile 2 zu deuten, misslungen sind, so habe ich ko· conjiciert".* Und die Zeichen für xe· und ko· sind durchaus verschieden! *„In Zeichen 2,₁₅ lo· glaube ich richtig ta· erkannt zu haben, dessen Mittellinie durch ein Versehen des Steinmetzen oder eine spätere Beschädigung des Steines zu lang geraten ist."* Von dem schon besprochenen übelerfundenen ἐρόχθο[ν'] verdankt das eingeklammerte ν' ebenfalls einer Konjektur H.'s die Existenz; in den Kopien findet sich davon keine Spur. Auf solche Weise ist der Text hergestellt worden, der ein solches Griechisch, einen solchen Sinn ergeben hat! Die Inschrift 88 ist nach wie vor als noch ungedeutet anzusehen; das in ihr von H. gelesene πέπαζα = πέπηγα hat keine Gewähr und darf nicht als ein Beleg für die von H. behauptete Palatalisierung des γ vor α im Kyprischen angeführt werden. — In Bezzenb. Beitr. hat H. dieses „Lautgesetz" überhaupt für das „Kyprische" aufgestellt, in dem Journal of Cypr. stud. hat er es auf „Idalion und Golgoi" beschränkt, in der Rezension jetzt auf „Idalion und Umgegend". Von den beiden Inschriften, in denen ἄζαται vorkommt, 37 und 59, stammt nun zwar 59 von Dali (Idalion), 37 aber nach Cesnolas Angabe von Kuklia (Palaipaphos). Nun hat H. zwar schon früher die Vermutung ausgesprochen, dass Cesnolas Angabe falsch sei und die Inschrift nr. 37 nicht aus Paphos stamme; jetzt erfahren wir aber zu unserer Ueberraschung, dass sie aus Idalion sei. Also um sein „Lautgesetz" zu retten, gegen das z. B. μέγα Golgoi 68 sprechen würde, beschränkt er es auf Idalion, woher 59 stammt; um es aber auf Idalion beschränken zu können, muss nr. 37 aus

Idalion sein! — Die von H. aufs Neue behauptete Verwandlung eines gemeingriechischen auf indog. Palatalis zurückgehenden γ in ζ lässt sich demnach in Kypros durch kein Beispiel stützen und das fragliche α· ζα· ται· ι· darf demnach nicht gleich att. ἀγαϑῆι gesetzt werden.

Ich weise schliesslich noch hin auf den Anstoss, den der Sinn der fraglichen Worte nach der bisherigen Erklärung gewährt. H. merkt davon nichts: „*Da auf den griechischen Inschriften aller Dialekte zu hunderten von Malen die Phrasen τύχα ἀγαϑά, τύχαι ἀγαϑᾶι überliefert sind, so hatte man bislang diese Zeichen zweifellos richtig als ἰ(ν) τύχαι ἀζαϑᾶι = ἰ(ν) τύχαι ἀγαϑᾶι gedeutet.*" Aber jene sattsam bekannte Formel unterscheidet sich doch von der in Rede stehenden kyprischen nach Form und Stellung, nach Sinn und Verwendung! Jene Formel, die Beschlüssen jeglicher Art vorangestellt wird, drückt, entsprechend dem lateinischen Quod deus bene vertat den Wunsch aus, dass das Beschlossene zu gutem Erfolge führen oder gelangen möge. Es wechselt τύχηι ἀγαϑῆι „zu gutem Gelingen" (wohl auch τῆι τύχηι τῶν Ἀϑηναίων „zu gutem Gelingen für die Athener", z. B. Thuk. IV 118; in τύχηι liegt der sog. echte Dativ vor) mit ϑεὸς τύχην ἀγαϑήν (sc. δοίη) oder ϑεὸς τύχην oder nur ϑεός oder ϑεοί „Gott möge (oder die Götter mögen) guten Erfolg geben", mit ἐπὶ σωτηρίᾳ (sc. γένοιτο) „zum Heile möge es ausschlagen", und mit ähnlichen Wendungen; nirgends aber findet sich bei diesem τύχηι auf Inschriften ἐν, nie findet sich ein solcher Segenswunsch auf Weihgeschenken. Dagegen stehen die kyprischen Formeln ἰ(ν) τύχαι, ἰ(ν) τύχαι ἀζαταί, ἰ(ν) τύχαι ἰ(ν)ϑερεῖ, ὐ τύχα, σὐ(ν) τύχα nur auf Weihgeschenken, und sowohl im abgekürzten wie im vollständigen Satze, z. B. in nr. 28: τῶ Ὑλάται κατέστασε ἰ(ν) τύχαι Ἀριστόφα(ν)ο ὁ Ἀρισταγόραυ. Ich habe darum Griech. Dial. II 141 darauf hingewiesen, dass man vor ἰ(ν) τύχαι nicht interpungieren darf, sondern z. B. nr. 27: τῶι ϑεῶι τῶ Ὑλάται Ὀνασίϝοικος ὁ ΣτασιϝοίϝοςFοίκων κατέστασε εὐχωλᾶ ἰ(ν) τύχαι so fassen muss: „Dem Gotte, dem Hylatas, hat Onasiwoikos, der des Stasiwoikos, (dies Weihgeschenk) aufgestellt in Folge seines Gelübdes beim Eintreffen (des Erbetenen)." τύχη bedeutet das durch göttliche Fügung oder Zufall Eingetretene. Wenn sich der Mensch hilflos dem von Gott verhängten Unglücke gegenüber sah, dann wendete er sich an die Götter um Hilfe bittend und gelobte, dass er ihnen beim Eintreffen des Erbetenen Geschenke weihen wolle. Die Inschrift des Weihgeschenkes nennt entweder das Unglück, bei dessen Eintreten das mit dem Weihgeschenk ausgelöste Gelübde gethan worden war, oder sie bezeichnet das Geschenk einfach als ein ex voto „beim Eintreten (des Erbetenen)" dargebrachtes, ohne die Veranlassung des Gelübdes näher zu bezeichnen. Unsere kyprischen Weihinschriften geben uns für beiderlei Fassungen Beispiele. Dürre und Trockenheit ist eingetreten, Missernte und Hungersnot sind die Folgen, da wendet sich der Fürst Baalram, der Vater des Königs Melekjatan, an den Sonnengott mit der Bitte um Hilfe; die Rettung kommt; die Sonne verbirgt sich hinter den Wolken, Regen fällt hernieder: das Gelübde wird fällig, das Geschenk wird dargebracht und es meldet durch seine Inschrift (nr. 59): τὸν ἀ(ν)δρίjἀ(ν)ταν τό(ν)δε κατέστασε ὁ Ϝάναξ [Βαάλραμ] ὁ 'Αβιδμιλίκων τῶ 'Απόλ-(λ)ωνι τῶ 'Αμύκλωι, ἀφ' ὡι Ϝοι τᾶς εὐχωλᾶς ἐπέτυχε ἰ(ν) τύχαι ἀζαται „weil ihm in Folge seines Rufes (seiner Bitte, seines Gelübdes) Erfüllung zu Teil geworden war bei eingetretener Dürre." Auch die Inschrift nr. 14ᵃ giebt als Veranlassung des Weihgeschenkes an, dass das nun gelöste Gelübde ausgesprochen worden war ἰ(ν) τύχαι ἰ(ν)θερει „bei eingetretener Hitze". In anderen Weihinschriften wird nur angeführt, dass das Geschenk dem Gotte dargebracht worden ἰν τύχαι „beim Eintreffen" des Erbetenen. So bringt Einer, der ein Gelübde zum Perseutas gethan hatte, um einen Sohn bittend, das Weihgeschenk nun dar nr. 45: ἰ(ν) τύχαι „beim Eintreten" (des Erbetenen), und dieselbe Bedeutung hat ἰ(ν) τύχαι 14ᵇ, ᵈ, ᵉ, 17, 27, 28, 31, 45, 72, 75. Verschieden davon ist ὁ τύχαι 74 „auf Grund eines (glücklichen) Ereignisses" und σὺ(ν) τύχα 120 „in Verbindung mit einem (glücklichen) Ereignisse".

Ich glaube also nicht, dass meine Lesung ἰ(ν) τύχαι ἀζαται „manchem ein Lächeln abzwingen wird", sondern meine, dass sie als wohl begründet gelten darf.

S. 150—156. *„Die sämtlichen Vermutungen M.'s zur idalischen Bronze (nr. 60) sind abzuweisen"*; nun folgen aber lediglich

Einwände gegen meine Schreibungen ὕ(γ)χηρος, ὑ(ν)Ϝαἰς ζάν und τῶ-ῆκε ἄλϜω — und das sollen die „sämtlichen Vermutungen" sein, die ich zu dieser Inschrift ausgesprochen habe? Wo sind die Gründe H.'s gegen meine Erklärung von ἱκμαμένως, von μαλανίjα (Nachtr. zu Bd. II S. 321), gegen die von mir herrührenden Lesungen ἴ(ν)θε, χραυμόμενον, τὰ(ν) δάλτον τά(ν)δε τὰ Ϝέπιja τᾶδε ἰναλαλισμένα? Meine Schreibungen ὕ(ν)χηρος, ὑ(ν)Ϝαίς, ὕ(ν) τύχα für ὕχηρος, ὑϜαίς, ὕ τύχα sind dem Wunsche entsprungen nicht ohne dringenden Grund eine Präposition für das Kyprische anzunehmen, von deren präpositioneller Verwendung sonst keine Spur vorliegt; über die entgegenstehenden Bedenken habe ich mich nicht „leicht hinweggesetzt", sondern sie wohl ins Auge gefasst, s. S. 161 oben, habe auch ausdrücklich die Zulässigkeit der Lesung ὑϜαίς anerkannt und sie S. 284 als die wahrscheinlichere an erster Stelle genannt, dort auch selbst einen neuen Beleg für ὑ- (= ἐπι-) in der Komposition herzugebracht. Ich stehe jetzt nicht an zuzugeben, dass wir an den drei Stellen besser thun werden ὐ zu schreiben als das kyprische ὄν, also ὕχηρος, ὑϜαίς und ὕ τύχα. — Gegen meine Erklärung von kypr. ζάν (Gr. D. II 254) lässt sich der Einwand erheben, dass nach ihr für das von mir herangezogene epische δήν *ζήν zu erwarten sein würde. Wir sind nun aber weit davon entfernt, den Lautwert oder, besser gesagt, die Lautwerte des ζ in unserem Homertexte genau angeben zu können; die landschaftlichen Orthographien gehen in keinem Punkte mehr auseinander als in der Wiedergabe des im ionisch-attischen Dialekte durch ζ wiedergegebenen Lautes. Im äolischen Dialekt klang dieser Laut anders als im ionischen. Könnte nicht dieses dem epischen Dialekte eigentümliche δήν, das im homerischen Verse ebenso wie δη-ρόν ausnahmslos Position macht, Wiedergabe von äolischem *σδᾱν sein? Ich weise, um zu zeigen, dass die Orthographie des Homertextes was die Wiedergabe dieses oder dieser Laute betrifft, eine schwankende ist, auch auf die homerischen Schreibungen Ζέλεια, Ζάκυνθος hin, vor denen kurze Vokale nicht im Verse gedehnt erscheinen, für die deshalb Payne Knight und Andere Δέλεια und Δάκυνθος zu schreiben vorschlugen. Dass trotzdem meine Erklärung von ζάν ebenso wie die von ζόη, ζόα unsicher ist, gebe ich zu. — Den Grund, den ich gegen die bisherige Lesung τὸ(ν) Δι.ϝείθεμις ὁ Ἀρμανεὺς ἧχε ἄλϝο(ν) angeführt habe, ignoriert H. vollständig, und meint die meinige mit der Bemerkung zurückweisen zu können, dass „ἥκω das Gegenteil von ‚fortgehn' nämlich ‚angelangt sein, da sein" bedeute. Ich leite mit Anderen ἥκω, von je- ai. yā- „gehen" ab. Wenn diese Ableitung nicht widerlegt wird — H. bemerkt nichts gegen sie — so ist die ursprüngliche Bedeutung von ἧκα: att. ἥκω „bin gegangen", auf die vielfach der Gebrauch von ἥκω noch hinweist. Warum soll also die Annahme nicht zuzulassen sein, dass kyprisch ἧκε die ursprüngliche allgemeine Bedeutung „ist gegangen" beibehalten habe?

S. 157—159. Bezüglich der Inschrift nr. 68 verweist H. den Leser auf seine Vorschläge in Bezzenb. Beitr. XIV 277 ff., von denen man finden werde, *„dass sie sich eng an die überlieferten Zeichen halten, nirgends gegen die Schriftregeln oder gar gegen den Dialekt verstossen und einen befriedigenden Sinn geben. Keine dieser Forderungen erfüllt M.'s neue Lesung."* So lautet das allgemeine Urteil H.'s über seine und meine Leistung: prüfen wir die Begründung desselben. — Ich spreche zunächst von der Deutung der zweifelhaften Zeichen in der 1. Zeile. Als zweifelhaft hat erstens *ra·* zu gelten. Ich habe den Gipsabguss in Berlin neuerdings untersucht und kann nur aufs Neue versichern, was ich in meinem Buche schon sagte, dass von einem *ra·* keine Spur sichtbar ist; an der Stelle, wo es gesucht wird, ist ein Zeichen weggemeisselt, was für eins, lässt sich auch nach dem Abguss nicht erkennen. Am Schluss der 1. Zeile nach *i·* lässt der Abguss absolut keinen Rest eines Zeichens mehr sehen, es scheint, als ob die Oberfläche des Steines weggebrochen sei, und als ob die schwachen Spuren der Photographie an dieser Stelle wirklich nur, wie ich bereits vermutete, Verletzungen des Steines wiedergeben. — Dies der Sachverhalt, so weit ich ihn durch wiederholte genaue Prüfung der Photographie und des Abgusses feststellen konnte. Da nun aber Hall erklärt, auf dem Original nach *i·* noch *se· se·* zu erkennen, so halte ich mit einem zuversichtlicheren Urteil nach wie vor zurück. Wie äussert sich nun H. bei diesem Sachverhalte gegen mich: *„Am Schluss der Zeile liest M. Fει[πω]. Er setzt also für drei deutlich und unverletzt erhaltene Zeichen se· i· se·*

das eine Zeichen po· ein, welches mit keinem derselben die geringste Ähnlichkeit hat. Mit dieser Art der Kritik kommt man allerdings am weitesten." Hier wird es mir schwer höflich zu bleiben. H., der die von mir angewandte Kritik bespöttelt, hat nicht einmal Halls Angaben, die er mir entgegenhält, ordentlich sich angesehen, nicht einmal richtig abgeschrieben: Hall giebt am Ende der Zeile *i· se· se·*, aber nicht *se· i· se·*! — Auch bei einer dritten zweifelhaften Stelle am Ende der 2. Zeile bin ich durch die Prüfung des Abgusses nur zur Bestätigung des schon früher Ausgesprochenen gelangt. Wie Brandis, Deecke, Ahrens, Voigt erblicke auch ich in dem drittletzten Zeichen ein *sa·*; der Abguss zeigt, dass von dem linken Schenkelstrich des *sa·* eine Steinverletzung nach links hin sich erstreckt, die von Hall vielleicht als obere Hälfte des einen Kreuzbalkens von *i·* aufgefasst ist: aber von der unteren Hälfte dieses vermeintlichen Kreuzbalkens ist nichts zu sehen. H. bemerkt: *„Auf der Abbildung Hall's sowohl wie auf der vortrefflichen Schröder'schen Kopie ist das drittletzte Zeichen ein deutliches i·, nicht sa·"*. Zuerst hat sich H. darin geirrt, dass er von einer Schröder'schen „Kopie" spricht. Eine solche kenne ich nicht. Schröder hat an Schmidt einen Abklatsch der Inschrift geschickt und Schmidt hat seine Abbildung nach diesem Abklatsch und der Hallschen Faksimilekopie hergestellt. Wenn er weiter sagt, dass diese Abbildung *„vortrefflich"* sei, so verweise ich diesem Lobe gegenüber auf die sachkundige Besprechung derselben bei Voigt, De titulis Cypriis p. 274 f.; und wenn er schliesslich meint, das fragliche Zeichen in Halls und Schmidts Abbildung als ein *„deutliches i·"* bezeichnen zu dürfen, so versteht er nicht Faksimilekopien zu lesen. So weit über die Deutung der Zeichen: Ich habe mich streng an das gehalten, was nach meinem Material (Abguss, Photographie, Abbildungen) zu urteilen, auf dem Steine zu lesen ist; H. hat sich die Sache leicht gemacht: ihm vertritt Halls Silbenumschrift, die er fehlerhaft abschreibt, und die beiden Abbildungen bei Schmidt und Hall schlechthin die Ueberlieferung, und da ich nach meinem vollständigeren und genaueren Material an den angegebenen drei Stellen von jenen Abbildungen und der Silbenumschrift abweichen zu müssen glaubte, so habe ich nach H. mich nicht *„eng an die überlieferten Zeichen"* gehalten! — Zweitens soll meine Lesung gegen die Schriftregeln und den Dialekt verstossen. Ich sehe mich vergebens nach dem Versuche eines Nachweises bei H. um, dass ich die Schriftregeln verletzt hätte; dass H. es gethan hat, wird im folgenden nachgewiesen werden. „Verstösse gegen den Dialekt" findet er in meinen Lesungen καρσι-τίναξ und κά(π)πωθι „behüte", da die Assibilation von καρσι- aus angenommenem καρτι- befremde und eine Wurzel pō- pōi-, nicht nachweisbar sei. Aber ich habe diese Wurzel ja in πῶυ aus *πωϳ-υ „Heerde", ποιμήν lit. pë-mu „Hirtenknabe", vgl. ai. pāy-u-ṣ „Hüter" (Brugmann, Grundr. II 297, 348) nachgewiesen; was das Ausrufezeichen bedeuten soll, das H. hinter das von mir angeführte Wort ποιμήν gesetzt hat, verstehe ich nicht. — Dass meine Lesung καρσιτίναξ unsicher ist, gebe ich zu; nach dem Abguss schien es mir auch, als ob zwar der Steineindruck hinter si· kein Divisor sei, wohl aber der nach ti·; wenn ich mich aber bereit erkläre die Lesung καρσιτίναξ aufzugeben, so weiss ich doch keine bessere, denn die Ahrens-Neubauer'sche Lesung γράστι, die sich H. zu eigen gemacht hat, verstösst ihrerseits gegen die Schriftregeln, da γράστι kyprisch ka· ra· sa· ti·, nicht aber ka· ra· si· ti· zu schreiben sein würde. Ahrens glaubte diese Unregelmässigkeit entschuldbar, weil er sie ähnlich auch in ἀ(μ)φιδεξίωι annehmen zu müssen glaubte; ich habe aber (oben S. 16) gezeigt, dass diese Lesung ganz unwahrscheinlich ist.

S. 159. Gegen Deeckes und meine Deutung von δίφατος in nr. 69 bemerkt H., δίφατος könne nur „zweimal gesagt" heissen: ich erkläre ja auch das Wort: „doppelnamig" d. h. „doppelt genannt, doppelt angerufen", nämlich als „Aphrodite" und als „Astarte", ganz in Uebereinstimmung mit der Erklärung bei Hesych: δίφατον· διφάσιον, δισσῶς λεγόμενον. — Für δίμας hat zuerst Deecke die Bedeutung „zwei Mütter habend" aufgestellt und von μαῖα „Mutter, Amme" abgeleitet; wie H. beweisen will, dass das Wort dies „*niemals heissen könne*", ist mir nicht ersichtlich. — Von seiner eigenen Erklärung der Inschrift sagt H. mit einer sonst ihm nicht eigenen Zurückhaltung: „*Vielleicht wird mancher die von mir (Beiträge XIV 281) vorgeschlagene Lesung der Inschrift wenigstens erträglicher finden.*" Dies wird schwerlich der Fall sein, denn H. nimmt in diesem kleinen Text zwei

„*Versehen des Steinmetzen*" an, um schliesslich zu der Lesung zu kommen: Τίμω Δα[(ϊ)]φά(ρ)τω · τιμάω Παφίαν τι[(μί)]οις. „*Eine Weihung des Timos, des Sohnes des Daiphantos. Ich verehre die Paphia mit Weihgeschenken*", die dem Sprachgebrauche der Weihinschriften völlig widerspricht; ich möchte auch wissen, wo H. im Griechischen „Weihgeschenke" durch τίμια ausgedrückt gefunden hat. Nach Παφίjα hat die Inschrift das Zeichen *ke* ·, das von Hall bestätigt ist, und das ich auch auf dem Gipsabguss deutlich gesehen habe. Wie verfährt H.? Man höre: „*Hall² will auf dem Steine allerdings ke · erkannt haben. Da jedoch ein* γε *an dieser Stelle absolut keinen Sinn giebt, so glaube ich, dass ke · aus ne · verstümmelt ist.*" Also erst nimmt H. zwei „*Versehen des Steinmetzen*" an, um eine Lesung zu gewinnen, deren Sinn dem Sprachgebrauche widerspricht, und weil dann das eine überlieferte Zeichen immer noch „*absolut keinen Sinn giebt*", so wird es für „*verstümmelt*" angesehen und durch eine dritte Konjektur beseitigt.

S. 164. Meine Lesung ἀπ' ὀσ(σ)έjα (att. ἀπ' ὀττείας) muss H., wie er sagt, „*aufs entschiedenste zurückweisen, da sie gegen ein festes Schriftgesetz verstösst. Die Zeichen ja · und je · sind nur nach voraufgehendem ι belegt (vgl. Verf. Beiträge XIV 269); das j derselben ist ein parasitischer Laut, der niemals für ι eintreten konnte.*" Auch hier befindet sich H. im Irrtum. Kyprisches jod ist einesteils Uebergangslaut zwischen ι und folgendem Vokal, andrerseits aber das konsonantisch gesprochene ι zwischen Vokalen. In der erstgenannten Funktion ist es allgemein bekannt, noch nicht so allgemein in der zweitgenannten. In den übrigen Dialekten, die kein Zeichen für jod haben, erkennt man den Eintritt der konsonantischen Aussprache des zwischenvokalischen ι an der metrischen Behandlung des vorhergehenden Vokals bei den Dichtern (ἄνδρα μόἰ ἔννεπε, τὸἰοῦτος) und an dem Schwanken der Schreibung mit oder ohne ι, wie ποιεῖν und ποεῖν. Im Kyprischen aber wird dieses konsonantisch gewordene ι zwischen Vokalen entweder durch jod ausgedrückt (ὀσσέjα, θέαjον) oder in der Schreibung weggelassen (s. Griech. Dial. II 236 ff.), da es auch beim Sprechen leicht verklang, selten als ΐ geschrieben (Χαρω(ν)ὄαἰος?, Μυχοἰα).

S.168. „*Die Lesung* ἰ(ν) τύχαι ἰ(ν)θερεῖ „*bei eingetretener Hitze*" —

ἱ(ρ)θερίς (von θέρος) nach M. = ἔνθερμος — ist der oben erwähnten Lesung ἱ(ρ) τίχμα ἀζαται, welche zu ihrer Stütze herangezogen wird, völlig gleichwertig." Auch ich bin dieser Ansicht, indem ich beide Lesungen für sicher halte.

S. 172. Ich habe den Apollonbeinamen Ἀλασιώτας mit dem Ortsnamen Ἀλάσυον verglichen, den ich als ἀλάσυον „Schweinetrift" gedeutet habe. H. bemerkt hierzu: „Es gehört wirklich grosse Phantasie dazu, um in dem Namen Ἀλασιώτας als zweites Element σῦς zu erkennen, da beide Worte nur den nicht gerade seltenen Konsonanten σ gemeinsam haben. Ich gestehe ferner, dass meine griechischen Kenntnisse nicht ausreichen, um Ἀλάσυον als „Schweinetrift", und die beiden Worte σύον = *σϜ-ίον und σίαλος = *σϜ-ίαλος als Ableitungen von σῦς „das Schwein" zu begreifen." Ich weiss nicht, was H. will. ἄλη, ἄλασμαι wird von dem Schweifen, dem ziellosen Sichumhertreiben von Menschen und Tieren gebraucht, ebenso wie πλάνη, πλανάσμαι; ἄλη ist auch die sich umhertreibende Schaar oder Heerde, vgl. Hesych: ἄλη · πλάνη, ἄθροισμα; ἀληδόν (so die Hschr., M. Schmidt ἀληδόν)· ἀθρόως; Soph. fragm. 794 (ed. Nauck, 693 ed. Dind.): βομβεῖ δὲ νεκρῶν σμῆνος ἔρχεταί τ᾽ ἄλη (überl. ἄλλη, verb. von Bergk). ἀλά-συον (sc. χωρίον) ist daher als Bahuvrihi gefasst „Heerden von Schweinen, schweifende Schweine habend." — Dass σ-ίαλος nicht auf *σϜ-ίαλος, σ-ίον nicht auf *σϜ-ίον zurückgeführt werden dürfe, sagt H. — ich bin mit Anderen anderer Ansicht (vgl. z. B. G. Meyer, Gr. Gr.² § 221).

S. 177. *M.'s Konjektur Ἀριστίja[ν] in Nr. 25¹ für das überlieferte Ἀριστίja ist falsch, vgl. Verf. De mixt. Graec. ling. dial. p. 49. Ebenso ist S. 199 in Nr. 147ʳʳ Θυρσίja, nicht mit M. Θυρσίja[ν] zu lesen.* Von männlichen -α- Stämmen giebt es einen einzigen sicheren Genetiv auf -α: Ἀμηνίjα ἄλϜω, der, wie ich richtig erklärt zu haben glaube, im Satzzusammenhange aus ἈμηνίjαχαἄλϜω entstanden ist. Von den beiden obengenannten Genetiven befindet sich Ἀριστίjα- als Signatur auf einem der Thongefässe aus den Nekropolen von Marion-Arsinoe. Diese meist auf dem Boden der Gefässe eingekritzelten Signaturen sind in den allermeisten Fällen abgekürzt, selten vollständig; zuweilen fehlen nur ein oder zwei Zeichen, z. B. nr. 25ᵛ *a· ke· ti·* = Ἀγεσί(κω) oder Ἀγεσί(μω); wir sind also durchaus nicht verpflichtet die Zeichen α· ρι· σι· τι· ja· für die vollständig ausgeschriebene Signatur zu halten, sondern es steht uns völlig frei anzunehmen, dass das letzte Zeichen *u* der Signatur weggelassen ist. — Was den Genetiv Θυρσίjα[υ] in einer der Wandinschriften von Abydos betrifft, so hat H. übersehen, was ich ausdrücklich bemerkt habe, dass nach Sayces Kopie hinter *tu· ru· si· ja·* ein schräger Strich steht, der von einem *u* herzurühren scheint. Wir sind also völlig berechtigt Ἀριστίjα[υ] und Θυρσίjα[υ] zu lesen. — Die Erklärung H.'s der vermeintlichen kyprischen Genetivform -α̅ dieser Stämme, lautet in seiner von ihm zitierten Dissertation so: „*Cum ceteri genetivi, quos in titulis Cypriis legimus, modo in -αω, modo in -αυ exeant, Cyprios vocales -α-υ distinctas pronuntiasse apparet. Unde factum est, ut in genetivis stirpium in -ια excuntium tres vocales (ι-α-υ) concurrerent, quae non sine difficultate pronuntiari poterant. Itaque vocalis finalis, quae per se erat sono obscurato, abjecta est. Non per omnes insulae partes hanc correptionem usitatam fuisse intellegimus e formis Στασίjαυ 17, et Ἀριστίjαυ 20,.*" Er hat dabei noch Θερμίαυ 66 vergessen! Und wie darf man annehmen, dass der schliessende Vokal „abgefallen" wäre, weil -ίαο oder -ίαυ sich nicht leicht hätte sprechen lassen? Wo und wann ist dergleichen im Griechischen geschehen?

S. 204. „*Hier passiert M. ein arges Versehen. Er schreibt: ‚Ich vermute, dass dieses δάλλω auch dem homerischen ἰνδάλλομαι ‚erscheine' zu Grunde liegt. Grundbedeutung:* *ἰνδάλλω *‚schnitze ein, bilde ein'* = *att. ἐμβάλλω'. Des weiteren führt M. ausführliche Belege für eine derartige Bedeutungsentwicklung an und redet schliesslich von dem ιν* = *ἐν in ἰνδάλλω als ‚einem erstarrten Aeolismus'. Diese kühne Kombination scheitert an der einfachen Thatsache, dass ἰνδάλλομαι im Homer wie das Metrum beweist, stets anlautendes Digamma hat. Es ist mir unbegreiflich, wie M. das entgehen konnte. Denn einer der Verse, welchen er wörtlich zitiert, Od. 3,246: ὥς τέ μοι ἀθάνατος ἰνδάλλεται εἰσοράασθαι zeigt ja deutlich, dass das Verbum Fινδάλλομαι lautete.*" Die Sache ist für H. äusserst beschämend. Er beruft sich auf die Gesetze des homerischen Verses — und zeigt dabei, dass er nichts von ihnen versteht. Hätte ich solche Leser, wie er einer ist, vor Augen gehabt, als ich jenen Satz schrieb, so würde ich zur Vorsicht hinzugefügt haben: Von den homerischen Versen, in denen ἰνδάλλομαι vorkommt, beweist keiner das Vorhandensein von Digamma: an der zitierten Odysseestelle kann ebenso wie Il. 23,460: ἄλλος δ᾽ ἡνίοχος ἐνδάλλεται· αἱ δέ που αὐτοῦ die auf Konsonant ausgehende kurze Silbe vor ἰνδάλλομαι, da sie in der Penthemimeres steht, lang gebraucht erscheinen; Od. 19, 224: ἀλλὰ καὶ ὥς ἐρέω, ὥς μοι ἰνδάλλεται ἦτορ ist der Hiatus nach dem in der Arsis stehenden μοι legitim; Il. 17,213: βῆ ῥα μέγα ἰάχων· ἰνδάλλετο δέ σφισι πᾶσιν und Hymn. a. Aphrodite 178: καὶ φράσαι, εἴ τοι ὁμοίη ἐγὼν ἰνδάλλομαι εἶναι kommen nicht in Betracht, da vor ἰνδάλλομαι eine auf Konsonant ausgehende lange Silbe steht. Ich hätte dann auf eine systematische Behandlung der betreffenden Gesetze hingewiesen, etwa auf Hoffmann, Quaestiones Homericae I S. 57 ff., besonders S. 61; S. 101 ff., und auf die Zusammenstellung bei Knös, De digammo Homerico, der zwar ἰνδάλλομαι der herkömmlichen Etymologie folgend unter Ϝιδ- eingereiht hat, aber zu dem Verbum selbst (S.120) bemerkt: „(Ϝ)ἰνδάλλομαι: Nihil efficiunt pron. encl. μοι in quarta thesi productum τ 224, breves syllabae in semiquinaria caesura productae Ψ 460, γ 246: antecedit autem longa syllaba in consonam exiens P 213." Eine solche Ausführlichkeit meiner Auseinandersetzung würde aber wohl nur für H. wünschenswert gewesen sein.

S. 211. Meiner Annahme, dass kypr. πελνόν aus *πελνόν entstanden sei, stellt H. das „*Gesetz*" entgegen: „*λν wurde zu λλ, wenn das λ Konsonant war. Dagegen blieb λν bewahrt, wenn das λ sonantischen Charakter (idg. l̥) besass.*" Ich frage H., ob er an irgend einem klaren Beispiel zeigen kann, dass griechisch ιλ = l̥ sei? Und wie kann er in βέλλομαι βούλομαι εἴλω das λλ aus λν hervorgehen lassen, da doch att. in στέλλω u. s. w. aus λν : λλ hervorgegangen und nicht Ersatzdehnung eingetreten ist?!

S. 216. Ich habe auf die Möglichkeit hingewiesen, dass ὀθῶς· ταχέως Hesych kyprisch und für ὁ(υ)θῶς zu nehmen sei. Auch diese Bemerkung wird unter den „*ärgsten Fehlern und Versehen*" aufgeführt, denn — „*sollte hier nicht einfach in der Quelle des Hesych ὀθῶς = ΟΘΩΣ für ΘΟΩΣ = θοῶς „eilends" verschrieben sein*"?!

S. 220. Der Auffassung, dass in der Hesychglosse ἰν τυῖν (cod. ἰν τυῖν)· ἐν τούτῳ kyprisch -υ- für -ο- stehe, entgegnet H.: „*Die Grammatiker bezeugen ausdrücklich, dass υῖ getrennt gesprochen sei. Mithin kann es nicht diphthongischen Ursprung haben. Vielmehr ist -υι = -Ϝι eine alte Lokativendung, welche an die kürzeste Form des Stammes trat."* Zunächst ist die Logik der Sätze: „Die Grammatiker bezeugen — mithin —" fehlerhaft, da in derlei Fragen die Auffassung jener Grammatiker für uns nicht massgebend sein darf. Für sie war -υι kein anerkannter Diphthong, deshalb setzten sie die Trennungspunkte über das ι. Dass aber -υι wirklich diphthongisch und nicht „*getrennt*", wie H. will, gesprochen worden ist, kann schon die Sapphostelle (1_5) ἀλλὰ τυῖδ᾽ ἔλθ᾽ ἄποτα κατέρωτα lehren, um von anderem, was dafür spricht, hier zu schweigen. Uebrigens bin ich begierig zu erfahren, was die Indogermanisten zu dem „alten" Lokativsuffix -Ϝι sagen werden, mit dem H. die Sprachwissenschaft beschenkt hat (in Bezzenb. Beitr. XV 77 werden ἱππ-Ϝι und τ-Ϝι = τυι konstruiert, in der Dissertation De mixtis etc. S. 65 wird das -Ϝ- der diphthongischen Stämme — also βασιλη-Ϝ-ος βασιλη-Ϝ-α von βασιλῆ-Ϝι hergeleitet!). Ich fürchte, bei näherer Betrachtung wird sich dieses Suffix in Dunst auflösen.

S. 225. Dass ich ἄν-ωγα für ein altes Perfekt von ἀν-άγω halte, bemerkt H. einfach mit einem Ausrufezeichen. Ich habe meine Ansicht begründet — wo sind die Gegengründe H.'s? Wie ich nachträglich gesehen habe (Gr. Dial. II 325), bin ich mit Danielsson in dieser Ansicht zusammengetroffen. Wenn dieselbe von H. unter die „*ärgsten Fehler und Versehen*" meines Buches gerechnet wird, so musste er doch sagen, weshalb er sie für falsch hält!

S. 228. Auch meiner Erklärung von περιθοί „*Bemerkungen hinzuzufügen*" hält H. für überflüssig.

S. 233. Auffallend sind die Genetive auf -αϜος (neben -κος) und Dative auf -αϜι phönizischer Namen auf -α und die Genetive auf -ιϜος und Dative auf -ιϜι griechischer -ι-Stämme. Ich hatte, von den phönizischen Namen ausgehend, eine lautliche Erklärung des -ν- zu geben versucht, bin aber jetzt geneigt, da Uebertragung dieser Endung auf die griechischen -ι-Stämme nicht wahrscheinlich ist, Entlehnungen der Endungen -Ϝος und -Ϝι von den diphthongischen Stämmen anzunehmen, wie dies Stolz in der Rezension meines zweiten Bandes in der Ztschr. für östr. Gymn. 1889, S. 748 vorgeschlagen hat. H. operiert auch hier wieder mit seinem Lokativsuffix -ϝι, „von dem aus ϝ auch auf den Genetiv übertragen wurde".

S. 234. „Urgriechisches ε-α ist nicht etwa, wie M. vermutet, zunächst zu εια und dann zu ηα (geschrieben ι· ja·) geworden. Denn die Verbindung εα bot keinen lautlichen Grund zur Entwicklung eines anorganischen ι. Dieses entstand vielmehr erst dann, als der Wandel von ε zu ι vor Vokal bereits vollendet war. Ist dieses schon aus lautlichen Gründen anzunehmen, so wird es dadurch bewiesen, dass zwischen dem aus ε entstandenen ι und einem ο kein jod geschrieben wird, z. B. ἐπιό(ϝ)τα aus ἐπεόντα". Dieser Umstand könnte doch nur in dem Falle in Betracht kommen, wenn jod nicht geschrieben würde zwischen dem aus ε entstandenen ι und ο, wohl aber zwischen dem ursprünglichen ι und ο. Da nun aber H. meine Lesungen μνάϊjο(ν) und ὀνάσιjο(ν) nicht gelten lassen will, sondern annimmt, dass ein Zeichen für jo· im Kyprischen niemals vorhanden gewesen sei, so weiss ich nicht, wozu die Unterscheidung von unursprünglichem und ursprünglichem ι dienen soll. Gab es kein jo·Zeichen, nun, da konnte es nach dem einen ι ebenso wenig eintreten, wie nach dem andern!

S. 237. „Ein σές von σίω verstehe ich nicht." Ich habe es im Vorstehenden S. 21 erklärt. H. liest die Hesychglosse so: σές · ἔλα . θές . Πάφιοι, wobei θές (sc. πληγάς) heissen soll „schlag zu". Ich kenne τίθημι nicht in der Bedeutung „zuschlagen", und der Glossator würde diese Bedeutung nicht durch ἔλα wiedergegeben habe, sondern durch ein Verbum, welches den Sinn „schlagen" besser ausdrückt.

S. 239. Gemeingriechischem καί entsprechen kyprisch zwei Formen: κά und κάς. Da alle andern Dialekte übereinstimmend καί haben, so halte ich es für methodisch zunächst eine Erklärung der abweichenden kyprischen Formen unter der durch Vergleichung von abulg. cě „et quidem, καίτοι", lit. kai kai-p „wie" (Brugmann, Gr. Gr.² § 201) begründeten Voraussetzung zu suchen, dass καί urgriechisch ist. Ich habe darum in Uebereinstimmung mit den Brüdern Baunack, Gortyn 44, Anm. 1, und Brugmann, Gr. Gr.² § 64 angenommen, dass κά im Satzzusammenhange vor vokalischem Anlaut aus καί entstanden ist, indem ι zu konsonantischem ι̯ wurde. Das giebt H. zu folgender Entgegnung

Anlass: „*M. leitet κἀ ἀ(ϝ)τί aus καὶ ἀ(ϝ)τί: κἀj ἀ(ϝ)τι ab. Er konstruiert also einmal eine kyprische Partikel και, welche es nie gegeben hat — ausser dem gewöhnlichen κάς ist nur einmal κατ' 59, überliefert — und stützt auf diesen sprachlichen Fehler das Gesetz, dass der auslautende, noch dazu betonte Diphthong άί vor vokalischem Anlaute zu α geworden sei, ein Lautwandel, für den jede Parallele, auch aus anderen Dialekten fehlt.*" Was soll das nun heissen? Wenn ich die gemeingriechische Partikel καί als Grundform ansehe, so „*konstruiere*" ich sie doch nicht! Und wer hat denn H. gesagt, dass es im Kyprischen καί „*nie gegeben hat*"! Und wenn er behauptet, dass es für den angenommenen Wandel von καί ἀντί zu κά ἀντί nirgends Parallelen gäbe, auch nicht in andern Dialekten, so hat er wohl Formen wie att. κἀπί, dor. κἠπί ganz vergessen? Oder will er die etwa anders erklären als aus *κἀj ἐπί : *κά ἐπί? — Die Form κά τ', die 59₁ vorkommt, glaube ich mit gutem Grunde für κά τε „und auch" genommen zu haben: Von Melekjatan heisst es in der Inschrift 59, dass er herrsche „über Ketion und auch über Edalion"; Ketion ist alter Besitz der Phönizier; das griechische Edalion ist mit Hilfe der Perser von demselben Baalram, Vater des Königs Melekjatan, hinzugewonnen worden, der das Gelübde gethan und die Weihung dargebracht hat. H. glaubt diese meine Auffassung einfach mit den Worten abthun zu können: „*κατ'* = *κατί (nicht κά τε, wie M. liest)*". Also in demselben Atem, in dem er mir vorwirft, ich hätte eine kyprische Partikel καί „*konstruiert*", thut er sofort das an mir fälschlich gerügte thatsächlich selber, indem er wirklich eine nirgends vorhandene Partikel κατί „*konstruiert*".

S. 249. H. opponiert gegen meine Vereinigung von σίαι und σίαλον mit πτύω, obgleich ich dieselbe S. 327 ausdrücklich selbst aufgegeben habe. — In seinem Widerspruch gegen die S. 260 versuchte Vereinigung von πτόλεμος mit σφάλλω gebe ich ihm Recht.

S. 267. Der von mir angenommenen Herleitung von πός aus (ποτί:) *ποσί steht der Umstand entgegen, dass zur Zeit weder von diesem vorausgesetzten *ποσί noch von *προσί ein Beispiel vorliegt. Ich pflichte deshalb lieber der Auffassung (vgl. Brugmann, Gr. Gr.² § 38) bei, dass πός, πρός vor vokalischem Anlaute aus ποτι-, προτι- entstanden sei. H. verweist mich bezüglich dieses πός auf zwei mir wohlbekannte Aufsätze Bechtels und Prellwitz' mit der Wendung: „*Er konnte aus ihnen lernen, dass πός aus *πότ-ς entstanden ist.*" Dass aber dieser Ansicht Bechtels irgend welche Beweiskraft innewohne, dürfte schwer zu zeigen sein.

S. 271. „*M. behauptet, dass die obliquen Kasus der Nomina auf -ευς urgriechisch auf -η̣Fος η̣Fι endigten und dass die Kürzung des η zu ε erst nach dem Ausfalle des F erfolgte. Diese veraltete Anschauung, welche in den Lautgesetzen keine Stütze findet, rechnet nicht mit der Thatsache, dass die Formen mit langem Vokale sich bei keinem der reinen westgriechischen Dialekte, welche doch inlautendes rau ebenso lange wie die Aeoler und peloponnesischen Achäer bewahrten, nachweisen lässt, während sie z. B. den Attikern, denen rau schon früh verloren ging, eigentümlich sind (βασιλέως geht auf βασιλῆος zurück). Es gab eben zwei verschiedene Flexionen der rau-Stämme, indem bald der starke Stamm auf -η̣F-, bald der schwache auf -εF- durchgeführt wurde. Aeoler und Attiker entschieden sich für die erstere, die Westgriechen für die zweite Flexion.*" Ich richte erstens die Frage an H., wo er in meinem Buche die Erklärung gelesen hat, dass „*eine Kürzung des η zu ε nach dem Ausfalle des F erfolgte.*" Es würde das eine Erklärung sein, die mit Recht „*eine veraltete Anschauung, welche in den Lautgesetzen keine Stütze findet*", genannt werden würde. Ich habe nun aber klar und deutlich S. 272 auseinandergesetzt, wie ich die Formen mit kurzem Vokal nicht auf lautlichem Wege entstanden, sondern als Analogiebildungen auffasse. Meine Worte an der angegebenen Stelle lauten so: „Wo nun das inlautende rau schwand, da hat die Sprache allmählich die Endungen -εύς, -ῆος, -ῆι, -ῆα, εῦ u. s. w. gleichartiger zu machen unternommen, hier zu den obliquen Kasus mit durchgeführtem -η- einen Nominativ auf -ης geschaffen, so dass die Flexion gleich der der Namen auf -κλῆς, κλῆος u. s. w. lautete, dort nach dem Nominativ auf -ευς die obliquen Kasus mit kurzem ε-Laut (βασιλέος u. s. w.) nach Art der Flexion der Adjektiva auf -ύς, έος umgebildet, da wiederum durch Anwendung beider Neubildungen eine Flexion geschaffen, die derjenigen der nicht kontrahierenden -εσ- Stämme gleich war." H. hat mir die Erklärung, dass in den Formen wie βασιλέος nach dem Ausfalle des ϝ eine Kürzung des η zu ε eingetreten sei, fälschlich untergeschoben! — Was er sich unter „*reinen westgriechischen Dialekten*" gedacht hat, weiss ich nicht; sollten ihm „*reine*" Dialekte etwa solche sein, die von anderen Dialekten nicht beeinflusst sind, so würde ich ihm erwidern, dass es solche Dialekte nicht giebt. — Seine eigene Erklärung nun, die kurzvokalischen Formen gingen auf einen schwachen -εϝ- Stamm zurück, ist bezeichnend für den Mann, der immer „*mit Thatsachen zu rechnen*" vorgiebt. Schlägt er die „*Thatsache*" gering an, dass bei den Westgriechen, „*welche doch inlautendes rau ebenso lange wie die Aeoler und peloponnesischen Achäer bewahrten*", von einer Form mit -εϝ-, wie z. B. *βασιλέϝος, nirgends etwas vorliegt?! Ebensowenig bekanntlich wie bei den übrigen Griechen. Sein -εϝ- Stamm schwebt ganz in der Luft. Lässt er uns doch auch völlig im Unklaren darüber, wie die beiden Stammausgänge -ηϝ- und -εϝ- ursprünglich im Paradigma verteilt gewesen sein sollen.

S. 272. „*Auf den kyprischen Inschriften fehlt oftmals im Nominative der -o- Stämme das -s der Endung. Nach M. ist dasselbe niemals vorhanden gewesen.*" Gerade das Gegenteil ist meine a. O. deutlich ausgesprochene Meinung: die Formen auf -ο sind auf kyprischem Boden nach Analogie der Männernamen auf -α entstandene Neubildungen, vor denen und neben denen die urgriechischen Formen auf -ος auch in Kypros vorhanden sind. Wenn H. also sagt, dass nach meiner Ansicht das -ς der Endung -ος „*niemals vorhanden gewesen*" sei, so ist das ein sträflich schiefer Ausdruck. H. erklärt -ς vor folgendem Vokal durch Satzphonetik geschwunden. Warum ist denn aber, abgesehen von diesen -ςlosen Nominativen von Männernamen auslautendes -ς nicht geschwunden, ausser bei enger Zusammengehörigkeit eines auf -ς auslautenden mit folgendem vokalisch anlautenden Worte? In diesem Falle — nur die beiden Stellen τᾶ ὑγήρων $60_{5,15}$ und τᾶ ϝανάσσας (d. i. τᾶ μανάσσας) 38 gehören hierher — wurde das auslautende -ς als inlautendes -σ- behandelt. Von den fünf Nominativformen ohne -ς (Διjαίθεμι, Ἀριστόφα(ν)το, Ἐχέδαμο, Ὀνασίορο, Ἀσταγόρα) steht aber Διjαίθεμι vor τῶι, Ὀνασίορο und Ἀριστόφα(ν)το vor einem nicht näher zu bestimmenden α˙, auf das eine Lücke folgt, Ἀσταγόρα als einzelner Name ohne folgendes Wort, und Ἀριστόφα(ν)το und Ἐχέδαμο vor ὁ, das den Genetiv des Vatersnamens an den Eigennamen fügt. Der Vatersname bildet aber eine nachträglich dem Eigennamen zugefügte nähere Bestimmung (s. Gr. Dial. II 293), keine notwendige Ergänzung desselben, da der Eigenname auch allein stehen kann. Mit jenen beiden Fällen, in denen das -ς der Artikelform τᾶς vor ihrem vokalisch beginnenden Nomen nicht geschrieben ist, darf also keiner der -ςlosen Nominative auf gleiche Stufe gestellt werden.

S. 280. Hier hat H. Recht gegen mich: das homerische Ϝώς „gleichwie" durfte ich nicht zur Stütze der Lesung Ϝὸ δή anführen, für die Brugmann, Gr. Gr.² S. 236 Nachtr. zu S. 134 richtiger, wie ich jetzt glaube, Ϝόθε „de suo" vorgeschlagen hat.

S. 298—301. Gegen das Resultat meiner Untersuchung der Fälle, in denen ἐς mit dem Genetiv verbunden ist, wendet H. ein: *„Ich verstehe nicht, wie M. die Thatsache ignorieren konnte, dass die Präposition εἰς niemals mit dem Genetive eines Appellativums z. B. δόμου, πατρίδος, sondern stets nur mit dem Genetive der Person verbunden ist."* H. hat wieder ganz oberflächlich gelesen und die von mir angeführten Beispiele εἰς Αἰγύπτοιο διπετέος ποταμοῖο στῆσα νέας, εἰς Δωδώνος, ἐς ἡμετέρου übersehen. — Ich führe zur weiteren Stütze meiner Ansicht, dass wir an allen diesen Stellen Reste einer früher zulässigen Verbindungsweise von εἰς mit dem Genetiv des Zieles vor uns haben, hier noch die kritisch viel misshandelte Herodotstelle I 78 an: ἔπεμπε .. ἐς τῶν ἐξηγητέων Τελμησσέων „er schickte zu welchen von den Telmessischen Deutern", wo genau so wie in dem Homerbeispiel ἐς γαλόων ἢ εἰνατέρων ἐξοίχεται der Genetiv bei ἐς das teilweise in Anspruch genommene Ziel bezeichnet. So rate ich auch die zweimal bei Herodot (I 67; III 31) erhaltene Lesart ἐς οὗ „bis dahin, wo" (also gleich ἄχρι οὗ, μέχρι οὗ) nicht nach der Mehrzahl der Fälle in ἐς ὅ zu ändern, sondern wohl zu bewahren.

S. 302. H. wirft mir vor, ich hätte Osthoffs Gleichung äol. κέν = ai. çam „ohne weiteres" aufgenommen, obwohl sich *„einfach und schlagend"* zeigen lasse, dass sie falsch sei, da unser Material den *„sicheren Beweis"* liefere, dass nicht κέν, sondern κέ die urgriechische Form gewesen sei. Nun bietet aber doch Homer κέν und κέ neben einander. Aber, sagt H., *„Homer braucht κὲν* nur, um einen Hiatus zu füllen oder eine positionslange Silbe zu erzielen." Ob H. wohl die in diesem Punkte vorzüglich schwankende Ueberlieferung unseres Homertextes geprüft, und die Wirkung der Grammatikertheorie auf denselben in Rechnung gezogen hat? Wir können nach unserer Ueberlieferung den H.'schen Satz getrost ins Gegenteil umkehren und sagen: Homer brauchte κέν auch da, wo kein Hiatus zu füllen und keine positionslange Silbe zu erzielen war. Aber auch in den äolischen Inschriften findet sich κέν neben κέ, so z. B. in einer der älteren aus den letzten Dezennien des 4. Jahrh. v. Chr. (GDI. 304 A$_{51}$). Deshalb hat H.'s Annahme, dass diese Form „*aus euphonischen Gründen nachträglich geschaffen*" worden sei, keine Wahrscheinlichkeit, denn nichts berechtigt uns zu der Annahme, dass die inschriftlichen Texte dieser Zeit, die noch nicht das sogenannte ν ἐφελκυστικόν kennen, nach „*euphonischen*" Gesichtspunkten, um Hiatus zu tilgen, redigiert worden seien. Wenn H. bei diesem Sachverhalt sagt: „*Die Form κέν war also, wie wir mit Sicherheit behaupten können, jünger als κέ*", so liegt die „*Sicherheit*" dieser Behauptung lediglich in ihrem Vortrag, aber nicht in ihrer Begründung. H. stellt nun der Osthoffschen Etymologie eine andere entgegen: „*Es ist mir sehr wahrscheinlich, dass das ionische τέ sowohl wie das äolisch-thessalische κέ mit dem arischen ca identisch sind, welches nicht nur im Sinne von ‚und', sondern einfach als Affirmativpartikel ‚sogar, gerade, ja' gebraucht wird. Für den Palatal tritt auch vor hellen Vokalen im äolisch-thessalischen und arkadisch-kyprischen Dialekte regelmässig der Guttural oder Labial ein.*" Das wird ausgesprochen, als ob es so sicher wäre, dass jedes Wort einer Begründung überflüssig erscheine, und es ist doch durchaus falsch! Es spricht gegen dieses „Lautgesetz" äolisch πέντε, äolisch-thessalisch τέ, nach meiner Auffassung von κά τ' 59 als κά τε auch kyprisch τέ, arkadisch τίς, kyprisch σίς. Aber weiter: „*Das dorische κά, dessen Guttural vor folgendem a nach gemeingriechischem Lautgesetze gefordert ist, verhält sich zu dem äolischen κέ genau so wie das äolische ὅτα, τότα zu dem ionischen ὅτε, τότε. Das a ist in beiden Fällen nicht etwa der Vertreter einer nasalis sonans, sondern — wahrscheinlich in Folge der Tonlosigkeit — aus ε geschwächt.*" Ja, wer solche Weisheit nur verstehen könnte! Also aus κέ, τέ ist in Folge der Tonlosigkeit κά, τά

geworden? Aber es existiert doch auch im Aeolisch-Thessalischen das unbetonte τὲ (neben äolischem ὄτα), warum ist denn dessen ε nicht in Folge der Tonlosigkeit zu α geworden?!
Mit meinem kyprischen Register, in das ich ausser dem Wortschatze der seit Deeckes Sammlung neu hinzugekommenen Inschriften auch die kyprischen Glossen aufgenommen habe, glaubte ich ein praktisches Hilfsmittel meinem Buche beigegeben zu haben. Nach H. habe ich meine Absicht nicht erreicht. „*Das neue kyprische Wortregister, welches M. S. 304—315 giebt, ist nicht zu benutzen.*" Wieder eine schöne, volle Behauptung! Nur keine Zugeständnisse! Solche Sprache wirkt! „*Die erste Anforderung, welche man an ein brauchbares kyprisches Wortregister zu stellen hat, ist die, dass es die sicher gedeuteten Worte von den unsicheren unterscheidet.*" Ich habe dies durch angewandte Klammern, Fragezeichen und verschiedenartige Zusätze erstrebt. „*Wenn verschiedene Lesungen und Deutungen für dasselbe Wort aufgestellt sind, so darf nicht eine beliebige herausgegriffen und ohne weiteres als sicher hingestellt werden, sondern es sind sämtliche Deutungen und Lesungen — womöglich mit dem Namen des Autors und Angabe der betreffenden Stelle — anzuführen.*" Ich kann diese Forderung nicht anders als thöricht bezeichnen. Mit was für Ballast müsste jemand, der so verfahren wollte — es wird es ja niemand thun, auch H. selbst nicht — sein kyprisches Register beschweren! Ist doch seit M. Schmidts und Deecke-Siegismunds Arbeiten die Zahl der Lesungen, die von ihren eigenen Urhebern wieder zurückgenommen und durch andere ersetzt worden sind, schon ganz gewaltig gross. Und wie gross ist die Zahl erst derjenigen Lesungen, die von ihren Urhebern zwar nicht öffentlich zurückgenommen aber auch von niemandem angenommen worden sind? Und nun sollte mein Register alle diese tot geborenen oder längst gestorbenen Geschöpfe sorgfältig konservieren? Da müsste es wohl auch alle Lesungen H.'s mit aufnehmen? Das wird niemand für praktisch halten, das kann H. selbst nicht wünschen! Wer mein Verfahren ruhig und vorurteilsfrei prüft, wird nicht einstimmen in H.'s hässliche Unterstellung, ich hätte „*aus verschiedenen Lesungen und Deutungen eine beliebige herausgegriffen und ohne weiteres als sicher hingestellt.*" — *M.'s Register*, so schliesst H.

diesen Angriff, *unterscheidet sich von dem Deeckeschen — abgesehen von der Hinzufügung des neuen inschriftlichen Materiales — nur dadurch, dass es an Stelle der alten guten Lesungen die grösstenteils unrichtigen Vermutungen M.'s enthält*. Das ist nicht wahr: es unterscheidet sich vom Deeckeschen prinzipiell darin, dass es die kyprischen Wörter, die aus anderen Quellen als den Inschriften uns bekannt sind, mit enthält. Geradezu erheiternd wirkt die rührende Klage über Weglassung „*der alten guten Lesungen*". Man wird einmal finden, dass das zum grossen Teile Lesungen sind, die Deecke selbst seitdem aufgegeben hat, und man wird andrerseits beim Lesen von H.'s Aufsatz über die kyprischen Inschriften in Bezzenbergers Beiträgen mit Verwunderung bemerken, wie er mit „*den alten guten Lesungen*", wo sie ihm nicht richtig erscheinen, ohne jeden Respekt vor ihrem Alter recht rücksichtslos verfährt. Mein Register will gar nicht an die Stelle des Deeckeschen treten, sondern bildet einen Teil meines Buches und soll die Benutzung desselben erleichtern. Wer sich über Deeckes Lesungen des genaueren unterrichten will, wird wohl Deeckes Inschriftensammlung mit ihrem Index eher aufschlagen als mein Buch.

Ich bin zu Ende. Wenn H., wie ich doch annehme, nur die **Sache**, um die es sich handelt, und ihre Förderung im Auge hatte, und er mich in der angeführten Weise nur um der **Sache** willen angreifen zu müssen glaubte, so muss er jetzt eingesehen haben, dass er bei diesem Angriffe sich blosgestellt und mir Unrecht gethan hat. Mag er nun dies, wie es sich von Rechts wegen gehörte, offen aussprechen oder nicht, die Mahnung wenigstens möge er aus dieser Polemik mit heim nehmen, Anderer Leistungen, die er kritisieren will, ein ander Mal genauer kennen zu lernen und vorurteilsfreier zu würdigen, bei den seinigen grössere Akribie und strengere Selbstprüfung anzuwenden, vor allem aber den selbstgefälligen Ton, der ihm schlecht ansteht, zu lassen: denn wer bei so schwachen Leistungen, wie er sie bisher geboten hat, in so starken Redensarten sich gefällt, der spielt — das sieht er doch wohl selber — eine komische Figur.

LEIPZIG, 11. Dezember 1889.